花園大学発達障害セミナー 3

関係性からみる発達障害

こころとこころの織りあわせ

橋本和明 編
花園大学心理カウンセリングセンター 監修

小谷裕実
佐々木正美
山中康裕
杉山登志郎
北山 修

創元社

まえがき

　花園大学心理カウンセリングセンターにおける発達障害セミナーは、2010年度で3年目となります。年々受講希望者の数も増え、いつも盛況のなかでの開催となっています。主催者としてはこれほどうれしいことはありません。受講者お一人お一人が熱心に講師の先生の話に耳を傾けられ、メモをとっておられます。そんなお姿を拝見し、「セミナーができてよかった」と心から思うのです。

　このセミナーには学問領域や学派を超え、発達障害についてのすばらしい見識をおもちの講師をお招きしています。今回も小谷裕実先生（花園大学）、佐々木正美先生（川崎医療福祉大学）、山中康裕先生（京都大学名誉教授、浜松大学大学院）、杉山登志郎先生（浜松医科大学）という豪華な顔ぶれで、受講者にとってもまたとない学習の機会になったのではないかと思います。ここにあらためて講師の先生方に御礼を申し上げます。

　そして、上記のセミナーの先生方に加え、今回は北山修先生（九州大学名誉教授、白鷗大学、国際基督教大学）の浮世絵の母子像研究についての「共にながめること」と題するユニークな論文を、特別講義として掲載させて頂くことにしました。これは花園大学心理カウンセリングセンターで企画した講演会をもとに、北山先生に原稿にして頂いたものです。直接には発達障害に関するものではありませんが、"関係性"という点では非常に重要な視点が数多くあります。そんなことから、私が先生にご無理をお願いしてご執筆頂きました。北山先生にも感謝の気持ちで一杯です。

　言うまでもないことですが、いずれの先生からも多くのことを学びました。なかでも杉山先生の話に出てきた「発達凸凹（でこぼこ）」が私自身は個

人的に非常に印象に残りました。杉山先生は単に発達の凸凹があるだけでは発達障害とは言わず、発達凸凹に適応障害が加わってはじめて発達障害と呼ばれるべきだと言われていました。私もそれにはとても納得します。人間は誰しもできるところとできないところをもっていて、長所も短所もあります。すべてに万能なスーパーマンではありません。しかし、それが一人で生きていくのならできないところがあると困るかもしれませんが、みんなと一緒に暮らしていくことで、できないところは誰かに助けてもらい、できるところはできない人を助けてあげるというギブアンドテイクが成り立ちます。それこそが人が生きていくために必要な社会であると思われますし、実際にも大なり小なりそうやって生きているのではないでしょうか。

　私はこの凸凹というのは、人がそれぞれにもっている"違い"だと受け止めています。この違いがあるからこそ、互いに凸と凹が合体でき、全体として"発展"する可能性を秘めているのです。そう考えると、この発達の凸凹はあって当然だし、逆にその違いを大切にするからこそお互いに結びつけるのだと私は考えています。

　現代はただでさえ、人間関係が希薄な時代と言われています。そのようななか「違いがあるからこそ結びつく」という考えに立てば、他者を尊重でき、自分もつながっていることに喜びを感じることでしょう。そんな社会の実現を目指していきたいものです。その意味からも、本書のタイトルを「関係性からみる発達障害──こころとこころの織りあわせ」としました。

　今後も引き続きこのセミナーを企画しており、より発展したものにしていきたいと考えております。また、大勢の方に受講していただき、そこでさまざまな"違い"を出し合い、互いにつながっていければというのが私の一番の希望です。

2011年6月　鐘の音が響き渡る京都より
花園大学心理カウンセリング副センター長
橋本 和明

目　次

まえがき

第1講　**発達障害児者の思春期・青年期**
　　　──自分らしく生きるための診断告知・障害受容・支援の実際　　小谷 裕実　3

　保護者の気づきから支援へ　　保護者への診断告知　　早期診断について　　親の障害観と受容過程　　子どもへのインフォームド・コンセントとインフォームド・アセント　　本人への診断告知への準備　　診断告知の実際　　診断告知の意義

第2講　**発達障害スペクトラムへの理解**
　　　──TEACCH プログラムによる支援　　佐々木 正美　29

　発達障害スペクトラムの基本的な理解　　発達障害スペクトラムの行動・感情・特性　　発達障害の子ども／人の対人関係についての理解　　当事者の声　　TEACCH の理念・哲学

第3講 **私は自閉性障碍の子どもたちと
　　　　　どうかかわってきたか**
　　　　　　　　　　　　　　　　　　　　　山中　康裕　63

　　私の自閉症治療の歴史　　私の自閉症治療論　　症例　　治
　　療の時期　　おわりに

第4講 **発達障害と子ども虐待**
　　　── 発達精神病理学から見た発達障害　　　杉山　登志郎　89

　　発達障害の新しいパラダイム　　発達障害と発達凸凹　　発
　　達精神病理学から見た発達障害　　精神医学と発達障害

特別講義　**共にながめること**
　　　── 浮世絵の母子像研究から　　　　　　　北山　修　109

　　精神分析とは　　浮世絵の中の子どもたち　　描かれる母と
　　子の関係性

　　　　　　　　　　　　　　　　　　　　　装丁　上野かおる

関係性からみる発達障害

―― こころとこころの織りあわせ ――

第 1 講

発達障害児者の思春期・青年期
―― 自分らしく生きるための診断告知・障害受容・支援の実際 ――

小谷 裕実

The 1st Lecture

　今日は診断にまつわるさまざまなお話をします。近頃は幼少時に診断させていただいた子どもさんたちが次々と成長し、思春期・青年期を迎えています。そのため、私自身が実際にご本人に診断告知をする機会が増えており、学校の先生方や保健所の職員、カウンセラーほか、多くのスタッフと共に悩みつつ実践中です。今日はその悩みの一端をみなさまにご紹介させていただきます。
　大きく三つのテーマについてお話しします。まず第一に、保護者に対する診断告知と診断受容についてです。第二に、子ども自身への診断告知の意味や、その後ろ盾になるもの。第三に、具体的な事例について、さまざまな悩みも混じえてご紹介します。より自分らしい人生を発達障害のある方々に歩んでいただくために、診断告知はなぜ必要か、望ましい診断告知のあり方等について、共に考えてまいりたいと思います。

　発達障害に関する基本点を二つ示します。
　一つ目ですが、発達障害は保護者の育て方や環境が原因ではないということです。脳に先天的な問題があり、機能的な異常を起こしています。また、根本的な治療法はないものの、発達が止まったり、症状が進行することはありません。ただ、不適切なかかわりがあれば当然、二次的な障害が生じます。一方、社会性の障害があるとはいえ、適切な集団の存在や人とのかかわり、ソーシャルスキル・トレーニングなどによって社会性は育つということです。さらに、障害特性や認知特性に合わせた療育・教育が大切です。実際

に、発達障害のある子どもたちに行われている学校教育が適切であるか否か、もう一度考え直すべき局面に立たされることが多々あります。

　二つ目ですが、本日は「発達障害」という場合、LD、ADHD、および高機能広汎性発達障害（アスペルガー症候群・高機能性自閉症）の三つを意味し、知的障害は念頭には置いておりません。よって自身の障害特性を理解し受容される方をイメージして話を進めてまいります。

保護者の気づきから支援へ

　第一として、保護者への診断告知についてです。まずは保護者がわが子について「気がかりだな、ほかの子とちょっと違うな」と、きょうだいや保育所・幼稚園の他の子どもたちと比較して、気づきがあることがとても重要です。ご本人の診断告知の際にも、やはり「気づき」は重要なキーワードになります。その上で、親が子育てで困っていることと、子どもの発達特性を結びつけることが必要となります。その際専門的な知識や経験も必要であり、実際に保護者自身が結びつけることは難しく、やはりこれはプロの支援者の仕事といえましょう。

　子どもたちの発達課題を、乳幼児期の早期に発見するための重要なシステムは、乳幼児健診です。発達障害児の発見は、1歳半健診、3歳児健診、それから一部地域で行われている5歳児健診等が非常に有効です。5歳児健診後は、場合によっては専門医療機関につながって確定診断を受けることもあります。あるいは、地域の保健センターなどで、スピーチセラピーやソーシャルスキル・トレーニン

グなどの専門的な療育や指導を提供しているところもあります。い
ずれにしても、まずは保護者の気づきなくして、支援のスタートラ
インに立つことはできません。

　お二人の母親の気づきを紹介します。
　まずは、A君の幼児期における様子を母親が語ってくださったこ
とです。1歳頃に人見知りはあったものの、言葉かけやまねっこに
も反応しない子でした。「行っちゃ駄目！」と言葉で強く叱っても、
なかなか聞き入れず、2、3歳頃には他の子と違いがはっきりして
きました。また、他の人への関心がなく、公園に遊びに連れて行っ
ても、次から次へと遊具を変えてなかなか一つの物で遊びきれませ
ん。「ダメッ！」と禁止されると、激しく拒絶して我慢が一切でき
ず、育てるのがとても大変な子どもだったそうです。幼稚園という
集団の世界に入り、さらに新たな問題が発生します。5歳の頃、幼
稚園では部屋に入る、席につく、並ぶなどの集団行動がとれずにわ
がままな子と嫌がられました。親が叱っても自分の意見を曲げず、
人の話は集中して聞けない一方、好きなお絵描きやテレビには集中
するという子どもでした。
　次に、B子さんの母親の言葉です。2歳頃から多動で、公園では
一つの遊具で遊ばず、追いかけるのが大変でした。親が離れても平
気で、たびたび迷子になりました。4歳から幼稚園に通うのです
が、みんなで一緒に遊ぶのが苦手で、友だちとは別行動が多かった
です。多動はこの頃から改善し、迷子の手前で戻ってくるようにな
りました、とのことでした。
　A君、B子さんのいずれも、幸い幼児期から保護者の気づきがあ
ります。現在では、これを早期診断につなげるという動きが、地域
の保健所、保健センターを中心にみられ始められています。近年、
乳幼児健診の精度は高まり、これらの健診で医師や保健師が保護者

を心理的にもサポートしつつ、子どもの行動についてどのように理解するのか、あるいは遊び方、褒め方、叱り方など、子育てについての具体的なアドバイスを行ったりします。保育所・幼稚園の先生方も、具体的な対応の相談のために保健所の発達相談に同行されることが随分と増えてきました。このように、子どもたちへの適切なかかわり方をみんなで考えていこうという機運が高まっています。

　私がかかわっている、発達障害児のためのソーシャルスキル・トレーニングクラス参加者の保護者を対象としたアンケートの集計を紹介します。気づきの時期と、診断を受けられた時期を調査すると、3、4歳ぐらいまでには大抵の保護者が子どもの特性に気づいておられます。それにもかかわらず、診断を受けられるのが就学後になっています。つまり、保護者は数年間にわたり同年代の子とわが子の違いに気づいていながら、悶々と悩みつつ子育てしているということです。すでに3、4歳の時におよそ気づいておいでの保護者が多いので、年中児や5歳児を対象とした健診には大きな意味があります。

　現在、京都府下の一部地域で5歳児健診をしておりますが、具体的には『年中児こころとからだの健康観察表』〔京都府南丹保健所発行〕を保育所・幼稚園に配布して、子どもの特性や子育てのストレスに関する質問項目に、保育士の協力のもと保護者に答えていただいております。

　発達障害に気づかれたきっかけの中でもっとも多かったのが、集団不適応でした。他にも言葉の遅れや友だちとのトラブル、こだわり、他者からの指摘と続きます。他者とは、例えば日頃からよく面倒を見ている祖父母、近所の人、保育所の先生などです。他にも、指示が入らない、人への反応が薄い、落ち着きがない、多動、等となっており、集団生活を送り始めて、他の子との違いに気づき始められます。

医療機関の受診について、保護者には心理的な抵抗があるでしょうし、受診を勧める側にも迷いが生じるでしょう。保護者が何の相談機関も経ずに、医療機関に直接受診されることは多くありません。地域の母子保健、福祉、教育といったそれぞれの現場で、発達障害の見立てができる専門性が高まってきているため、保護者と医療の間にそれらの機関が入り、ワンクッション置かれることが多くなっています。保護者は薄々気づいているが、一歩を踏み出せないでいるところに、周囲から「より適切な支援を求めるために診断を受けましょう」と勧められ、医療機関を訪れる方が多いのです。具体的には、地域の乳幼児健診システムや、小学校就学後の相談機関を経て、医療機関につながります。その結果、発達障害の視点にも立って子どもの行動を理解し、不必要な叱責を避けるよう保護者や保育士、教師への具体的なアドバイスを行うことができます。このような過程を経て、家庭や保育所、学校等で、子どもが乳幼児期から他者との好ましいかかわりをもつ経験を積み重ねると、子どもたちは人に対する基本的な信頼感を築きます。このような、人とかかわって楽しかった思い出は、成長過程で困難に向き合ったときに、これを乗り越えるための原動力となるでしょう。

保護者への診断告知

　告知後の保護者の心理的変化には、D.ドロターが提唱した悲哀の5段階のほかにも、螺旋モデル等があります。保護者はうすうす気がついていても、診断を告げられると、大きく気持ちが揺れます。気がつくことと、診断を受けることは、明らかに次元が違います。診断名を告げられたからといって、すぐにその事態を受容でき

るというものでは決してありません。

　「そんなはずがない、どうしてうちの子に限って」と、まず大きなショックを受けられます。次に、「どうしてなのだ」というやり場のない悲しみや怒りがわき起こってきます。しかし、親の動揺をよそに、子どもはいつものように「お母さんお腹すいた」と訴えますし、元気に「行ってきます」と幼稚園・保育所に行きます。そのような日々の暮らしのなかで、「くよくよしていてはいけない」と思い直して、保護者なりの適応を始められるのです。ただ、人生にはいろいろなターニングポイントがあります。例えば、幼稚園から小学校に入学する、小学校から中学校に入学する、中学校から高校に進学する、高校の次はどうする、就労はどうする、そういうライフサイクルの大きな節目で、悲哀の感情がもう一回…。あるいは二回、三回と押し寄せて来ます。

　ある保護者と久しぶりに出会い、「あの時、先生から診断名を告げられ崖から突き落とされた気分になりました。でも、いろいろ説明を聞いているうちに、一筋のぼんやりしたオレンジ色の光が見えて、それを追いかけて来たら、今日ここまで来ていました。充実した今の生活があるのも、あのときはっきりと突き落とされたからです」と打ち明けられました。若干複雑な気持ちでしたが、保護者が長い道のりを歩まれるのに必要な光を、われわれは消えないよう照らしていくことが務めなのでしょう。

　実際に、5歳児健診に来られた保護者の方々から寄せられた言葉を紹介します。「息子は早生まれです。男の子は言葉が遅いと言われます。うちの子は言葉も理解しているし、会話も成立します」「家では私が手を出し過ぎているのです」「うちの子は、友だちが大好きです」「同世代の子どもより幼いのですが、何々ができます」「うちの子は一人っ子なので、一人遊びが多いです」「3歳児健診では特に問題ないと言われました」などなど。これらのコメントが意味

することは、「うちの子は大丈夫なはず」という気持ちです。

　ただ、一方で同じ保護者たちがこうも言われています。「実は何となく自分をごまかしてきました」「スモックを着る、着替えるなど、年少からすべきことをいまだにできないと保育士の先生に聞き、ショックです」「実は家でも何度も注意しています。時には叩いたり叱ることもあります」「うちの子は、昨日、明日など、時間の流れがわかっていません」「ボクが一番！と、先にやらないと気が済まないこだわりがあります」「疑い出すときりがありません」「専門医を訪ねてみるつもりですが、とても怖いです」「幼稚園の先生は仮に何かあっても軽度でしょうと言いますが、宣告された気分で落ち込んでしまいます」「良い対処法を教えてもらえると聞きましたが、小学校どころか将来まで不安です」、等々。つまり、一方で向き合わなければと思いながら、不安で押しつぶされそうな心情がありありと浮かびます。

　5歳児健診に来られたある母親の、忘れられない言葉があります。実は、その子の兄は内科的疾患のため、障害者手帳をもっていましたが、ある日「僕は障害者なのか」と尋ねられ、母親はすぐに返事ができなかったそうです。しかし、「これはな、制度上"障害"という言葉がついているけれども、別に障害と言わなくても、ABCでもイロハでもいいんだよ」と答えられたそうです。その苦しい経験からか、「この子まで障害者と呼ぶのか」というような、悲しみの表情が見られました。なかなか心を開いてくださらず、医療にもつながりそうにありませんでした。幸い、保育所の先生が同席されており、「お母さん、一緒に頑張りましょう」と言葉をかけられ、その日は帰られました。

早期診断について

　このケースでは、その後も母親と面談を重ねたところ、わが子の発達障害について納得され、医療につながりました。小学校に入学後、その母親から「先生、あの時先生の言葉に腹が立ったけれど、小学校に入学してみて初めて早期支援の大切さを実感しました」と言われました。実は、その子の姉のクラスに、似たタイプの生徒がいて、参観日等で出会うたびに状態が悪くなっていくのを目の当たりにされたとのことでした。「わが子は、小学校で手厚く支援していただいているので、喜んで学校に行くし、勉強もやる気満々だし、とてもうまい具合にいっています。本当に良かった」と、おっしゃるのです。やっと、保護者の心のよろいが下ろされ、一歩子どもの障害の受容に近づいてくださったと知り、うれしく感じました。

　発達障害の早期診断が目指すものは何でしょうか。まずは保護者が、わが子の子育てを「大変だな、しんどいな」というところから、「楽しいな！」と感じられることです。これがうまくいかないと、不安や焦り、苛立ちに満ちた子育てになります。

　子育ての上で生じるさまざまな不安を整理して、具体的な対処方法を示し、共に育ちを見守る。つまり、私たちはその子が大人になるまでの伴走者です。子育てを直接担うわけではないのですが、伴走者のプロとして保護者を孤立させてはいけないと思います。子どもの発達を的確に把握する。発達障害という視点で、子どもの困った行動の意味について具体的に説明をする。その上で、かかわり方への具体的なアドバイスを行い、何を目指して子育てをすべきか、ショートゴールを提示し、一方で中間目標、長期目標も考えてお

く。地域の社会的資源、親の会や講演会の情報を知らせる。これらを、保護者の状態に合わせ、適切なタイミングで提供していけることが、早期診断を本当に意味のあるものにします。

　保育所・幼稚園は、初めて子どもたちが出会う他者との集団です。ここでは、家庭では見られなかった新しいトラブルが生じますので、先生方は一筋縄ではいかない子どもたちを前にして、指導方法に悩まれることでしょう。しかし、早期診断をきっかけにして、私たちが具体的なアドバイスをするチャンスが生まれます。日頃の保育、幼稚園教育の中で子どもの社会性が磨かれれば、地域の子どもたちとのゆるぎない関係性、絆が生まれます。近い将来、就学の移行に際し、個別の支援計画を立てて、小学校に引き継いでいくといったことも、求められる時代になるでしょう。

　先日、京都府の特別支援教育広域連携協議会の会議に参加したところ、"支援ファイル"が教育委員会より紹介されました。これはすでに地域の保健センター等に配布されています。中を見ると、子どもの乳幼児期から高校生に至るまでの情報を書き込むようになっています。しかし、これを保護者の方々にどうやってお渡しするのかが問題です。「どうぞ」と渡すのは簡単ですけれども、子どもの理解のためにそれを活かしていただくために、誰がいつ、どのようにお渡しするのか。これは大きな課題であるし、今後も十分話し合わなければいけないと思います。

親の障害観と受容過程

　障害のあるわが子を受容される過程で、保護者がもともと有している「障害観」が大きく影響します。人には、それぞれ障害観があ

ります。障害観はさまざまな要因によって構築されていきます。例えば、障害についての正しい知識の有無、障害のある人々との交流経験、地域の障害者に対する目、祖父母の障害への意識なども、親の障害観に影響を与えます。

　その後、わが子への気づきから、この障害観は徐々に変化をし始めます。本を読み、インターネットを調べて収集された情報、身近な人に相談してかけられた言葉、相談機関から医療機関での対応、最後に、医療機関での診断告知によって、保護者の障害観は大きな衝撃を受けて揺らぎます。そこで、望ましい形に変容するか否かは、診断を受けた後の親の置かれた環境が重要なポイントになります。例えば、身近な親を支える家族や知人の存在、適切な情報を入手されているか、支援機関の専門的サポートがあるか、親の会など同じ立場の人たちとの交流があるか、医療や療育・福祉・教育が連携し家族をサポートしているネットワークがあるか、などが問われるのです。これがうまく機能しないと、残念ながら障害観はマイナスの形に変容し、子どもの発達障害はなかったことにしたいという忌避の念が生じます。

　親の人生の転機が、プラスに働くこともあります。例えば、ある父親がリストラに遭われました。それまで、一家の大黒柱という父親像に自己の存在意義を見出していたのが、自分は何のために生きているのかと考え直さざるを得ない状況に追い込まれました。そこで、自分はわが子をありのままに受け止めておらず、「あるべき姿」を押しつけてきたことに気づかれ、子どもへのかかわり方が劇的に変化したのです。このように、親の人生の転機が、子どもの障害受容に多大な影響を及ぼすこともあります。

子どもへのインフォームド・コンセントと
インフォームド・アセント

　次に、本人への診断告知について紹介します。子どもはいつまでも子どもではなく、必ず大人になり、人生の新たな局面で新しい課題に直面します。自分を知ろうとすることも、そのひとつです。突然、子どもから「僕には障害があるの？」と尋ねられ、親がしどろもどろになられたという話や、「僕って一体何なん？」と聞かれ、「それは個性だよ」と返答したものの、果たしてこれでよかったのかと悩んでいる、というエピソードは少なくありません。

　診断告知の必要性を説くための、医療的なバックグラウンドを紹介します。小児科医の治療の対象は基本的に子どもです。子どもの同意なく注射などもしますし、「悪いことしたらお医者さんに注射してもらおう」などと、よく親の"切り札"に使われ、小児科医が悪者に仕立て上げられることがあります。しかし、本来子どもに対する治療においても、インフォームド・コンセント、つまり親と子どもへの説明と同意が不可欠です。もちろん、生後2か月の子に言葉で言い聞かせ、同意を得るということは不可能であり、子どもには一定の発達年齢が必要となり、親の同意で代用されるのが実情です。

　これは、アメリカの小児科学会の生命倫理委員会が出している答申です。インフォームド・コンセントとインフォームド・アセント、この二つには若干の相違点があります。

　インフォームド・コンセントは、病態や治療についての説明を行い、同意を得る。例えば悪性腫瘍の治療の際には、病気の予後、治療法や期待される効果や副作用など、利点と欠点について説明し、

患者に能動的に治療法を選択させるというものです。子どもの場合16歳以上が対象となります。つまり、高校生になれば、能動的で主体的なプロセスを提供する、大人と同様の対応が必要です。

一方、インフォームド・アセントというのは同意をする、賛成をするという、もっと柔らかで、能動性の弱いイメージです。このインフォームド・アセントの対象になるのは、小学校に上がる6、7歳以上、14～15歳以下の子どもとされ、小学生から中学生が対象です。保護者の責任範囲内にいる小児患者の治療に際して、医師が保護者からのインフォームド・コンセントを得るのはもちろんですが、プラス、当事者の子どもに対しては治療に関する説明および同意取得を行うことが必要である、とされています。

本人への説明に際してなにより重要なことは、主治医と子どもがコミュニケーションを取れる間柄であることです。この人の話なら、聞いてみようかと子どもに気持ちを向けてもらわなければ、診断告知のような重い話に耳を傾けないはずです。しかし、発達障害児の場合、次第に子どもの状態が落ち着いてくれば、保護者のみが学期に一回程度受診されるなど、子ども自身を受診させる機会は減っていくでしょう。主治医が子どもの様子を2年も3年も見ないとなると、子どもの様子が大きく変わります。特に思春期を迎えた場合、別人かと思うくらい肉体的にも、精神的にも大きく変化しています。何年も会っていないと、共通の話題探しも難しくなるので、やはり定期的に受診される必要があると感じています。

また、アセントの要素で、「子どもの発達に応じて適切なawareness（知ること、気づき）を助ける」ということが大切です。検査や処置で何が起こるか、薬を処方するときに、例えばADHDのお子さんに®コンサータや®ストラテラを投与するなら、これは何のために飲むのかを、本人にわかりやすく納得しやすい言葉を添えて同意を得る必要があります。体力トレーニングに凝っていた

ある男の子には、保護者の提案で「これは脳に力をつけて丈夫にする」などと説明したところ、「そっか、頑張って飲む」と納得してくれたことがありました。

　子どもがどのように状況を理解しているか、処置や治療を受けさせるための不適切な圧力が子どもに影響を与える因子を査定することも大切です。子どもは、親の期待を一身に受けて育っています。親から褒められたい、愛されたいと思っているので、親の顔色を見て遠慮しながら答えてしまい、なかなか子どもの本心を知るということが容易でありません。それも理解したうえで、最終的に子どもがケアを受けたいという気持ちを引き出す必要があります。投薬がなぜ必要かも知らされず、別の薬と偽られて、あるいは、強引に薬を飲まされたという状況に追い込んではいけないのです。

　私たちは、発達障害児が自分らしく発言できる環境を整えているでしょうか。小学校中学年頃までは親に何でも話しているかもしれませんが、思春期・青年期の時期を過ぎると、親を避け人を選んで話すようになります。本心を、親以外の心許せる大人に告げていることもよくあります。つまり、親が得られる情報が次第に制限されていきますが、子どもの発達という観点からすると、これも大事な成長でしょう。

　子どもの発言の理解にも、注意が必要です。ある発達障害児に、知能検査終了後、「学校の勉強、難しい？」と尋ねると、「先生やお母さんの前では、わかったふりをしておけばいい」と答えました。子どもの発言は、字義通りに理解・解釈してよいとは限らず、一定経験と専門知識が必要でしょう。

　主治医として、診断した子どもたちを長年にわたり経過を追っていますが、学齢期までの支援は周囲の理解を得ることが中心となります。一方、思春期・青年期以降は当事者の自己理解をいかに適切に進めるかが、とても重要な課題になります。去年の花園大学発達

障害セミナーでも、発達障害児たちの肥大化した自己像、誤った自己イメージが話題となりました。私たち支援者は、やはり正しい自己理解を進められるよう、思春期・青年期の方々に接する必要があります。

本人への診断告知への準備

　本人への告知について、その必要性を周囲が気づく必要があります。誰が、いつ、どのように気づくのかといった一定の原則はあるかもしれませんが、一方で大変個別性の高い問題ともいえます。個人的には、私の場合小学校高学年ぐらいが告知しやすいと感じていますが、実際には一人ひとり慎重に告知のタイミングを決定します。
　また、ご本人の気づきも大事です。感じ方の違いやうまくいかないことがあり、「自分はちょっと違うな」と気づく、あるいは「お前って何だか不思議だよな」などど、人から指摘されたことがきっかけとなり、違いを知る場合もあります。
　いずれにせよ、本人への診断告知が目指すことは、誤った自己イメージを解き、低い自己評価の回復、現実的で建設的な対処法を身に付けていただくことです。例えば、「僕の特性から、この場面ではこの行動になりがち。事前にここを回避しよう」とか、「いつもこの場面では引いてしまうが、この支援があれば少し前向きになれるはず」など、自分の特性を事前に客観的にとらえることで、日々の暮らしに見通しをもった行動がとれるようになっていただきたいのです。また、診断告知をきっかけにして「私には支援者がいる」ということを知り、不安が軽減することにもつながります。
　診断告知をめぐっての、ある保護者のご意見です。

「高機能自閉症のある大学2年生の娘です。高校までに親しくなった友人も数人いて、何とかコミュニケーションを楽しめています。勉強も何とかついていっています。発達がゆっくりだったよ、小さな時に言葉の発達が遅かったよ、コミュニケーションが苦手なのはあなたの性格よ、などと折をみて伝えていますが、娘に診断名を伝える必要があるのでしょうか？今後、娘の就職や結婚や子育てなどの家庭生活を考えると、いろいろ悩みます」と言われました。

また、別の保護者のお話です。

「現在19歳の息子がいます。小学校4年の時にいじめに遭い、不登校になりました。その時の学校のカウンセラーに広汎性発達障害の疑いがあると言われました。小学校は何とか卒業しましたが、中学2年生の時、急に被害的・攻撃的になり、自傷行為、ついには大声を出して暴れ、親に暴力をふるうようになりました。精神科に連れて行き、薬を処方され服用しました。本人は苦しいので服用しましたが、そのうち薬で俺の心をコントロールするのかと嫌がり始め、本人に内緒でジュースに入れて服用させています。近々、本人への告知について、医療機関と相談中です」と語られました。

お二人の共通点は、医療機関で診断を受けられたことです。相違点は、一例目は特性のみが伝えられ、二例目は何も知らされていないことです。

いつのタイミングで診断告知をすべきか、これは非常に悩ましいことです。発達障害のある方は歪な形で自己認識をしていることが多いと感じていますのでなおさらのことです。頑張っても勉強がわからないときに、まだ頑張れと言われる。周囲からの孤立、逸脱行動、混乱・パニックで叱られる。人と違うという違和感と自己評価の低さ。こういったことが重なり歪な自己像が築かれます。

自己評価が非常に低くなれば、被害的・攻撃的になることもあります。反対に、根拠のない万能感に満たされていることもありま

す。もちろん、自分とはどんな人間なのかを知る自分探しは、誰にとっても難しいものですが、特に発達障害児者の場合、等身大の自分が見えにくいのです。

　そこで、診断告知によって歪な自己認識を修正していただきたいと考えています。違和感というモヤモヤを解消し、新しく適切な自己認識を得ることで、さまざまな問題点に現実的な対処が可能となるでしょう。苦手なソーシャル・トレーニングのセッションを受講する、当事者同士で仲間関係を構築し悩みを打ち明ける、進学・就労・家庭生活においてよき理解者を得る、このような環境下に身をおくことで、ストレスが少なくなるのではないかと思います。

　診断告知に際しては、保護者、医療機関、保健・福祉、学校の先生等、周囲の関係者が目的を共通認識しておく必要があります。また、本人の心理的な変化の予測も必要です。担任の先生が、翌日学校での表情をみて、声を掛けてくださるような連携が取れていると、医師の側も診断告知を行いやすく、「本人を支える人・集団があり、これらが互いに話せる間柄である」ことも必要です。

　また、本人がどの程度理解しているかを把握する必要があります。単なる言いっぱなしは危険なレッテル貼りです。本人の解釈・理解の程度を確認して、これに補足・修正を適宜加えていくということも必要です。

　診断名は、あなたを構成する要素―例えば、性別や年齢、性格、得意分野など―自分で選択したものではないものも含めて、沢山の要素の中のひとつであるととらえます。発達障害は、もちろん自分で選択したものではありませんが、この特性と共に生き、受け入れ、うまくつき合っていく必要があります。診断告知の意味は、その特性があなたを構成する要素の重要なひとつであると伝えることに尽きると思います。

　最後に、本人と、この大切なことを誰に知らせるべきか相談しま

す。母親、父親、きょうだい、担任の先生、親友、それぞれについて伝えるべきか否かを丁寧に検討していきます。クラスでトラブルが起こったからといって、事態を早急に収拾させるため、とりあえず級友に診断名を知らせて黙らせるという指導は考え物です。本人にも級友にも、大人に相談しても無駄であると、不信感を植えつけるだけでしょう。

診断告知の実際

　小児科医として、私は主に15歳以下の小児を中心に診ており、成人に診断告知をするよことは少なく、実際は小学校高学年から中学生に行うことが多いです。

　告知前には、保護者および学校の先生方などと連携を取り、その後の子どもの様子を把握できる環境を整えます。事前に保護者に手紙を書いていただく、あるいは発達障害についてのわかりやすい本を事前に子どもに読ませておくなど、個々に応じて必要な準備をします。

　そして、いよいよ、告知の当日。中学生になると同席者はおらずに、本人だけで行うことも少なくありません。診察室の環境も、清潔感のある気の散らない穏やかな部屋となるように整えます。私自身、穏やかな表情で臨んでもやはり緊張しますが、いつも通りの和やかな雰囲気の中で、できるだけプラスのイメージで本人に伝えるよう心がけています。

　先日、母親の希望で小学校5年生の女の子が告知のために病院にやってきました。彼女は不満げに「いつもお母さんは、私に内緒でこそこそ自分の名前が書いてあるノートを見ている。お母さんは私

に隠しごとをしている」と言いました。その後、アスペルガーについての説明を終えると、帰り際に「それって私、特別ってこと?」と、とてもうれしそうに尋ねるので、「そうだね、特別ってことだよ」と答えました。いろいろなわだかまりが解けたのか、何だかうれしそうに母親に寄り添って、スキップでもするように帰っていきました。

次に沖縄県自閉症協会の保護者を対象とした、診断告知に関するアンケート調査の結果をご紹介します。

「お子さんに診断告知をしましたか?」についての答えが、告知ありが11名で、告知なしが13名でした。告知をされた11名の方に「何歳の時に告知をされましたか?」と質問すると、5歳から9歳が2人、10歳から14歳が2人、15歳から19歳が5人、20歳から24歳が2人となり、15歳から19歳がもっとも多い結果となりました。もっとも早い方は5歳で、文字をよく読みこなし、論理的に物事を理解するウソの通用しないタイプの男児であるとのことでした。ある日、家でパンフレットを彼が見つけ、母親にあれこれと質問してきたため、必要に迫られて包み隠さず説明したそうです。

一方、告知をしていない13名に「現在、告知は必要だと思いますか?」と質問したところ、必要が6名、不要が7名でした。同様に、「将来、告知が必要だと思いますか?」に対して必要が9名、将来も告知は不要が2人、どうしていいのかわからない、あるいは条件が整った時には必要であるかもしれないが、今はまだその時ではない、という方が各1名でした。将来も告知が不要、と言い切られた2名の方は、知的障害のある方でした。

それでは、「何歳で告知をしたいと思いますか?」と尋ねたところ、10歳から14歳がもっとも多い結果となりました。先ほど、インフォームド・アセントとコンセントの境目となる年齢が16歳と申しましたが、多くの保護者が16歳までに告知をしたいと考えて

いることがわかりました。

　告知をすでに受けた11名のご本人にも、保護者の協力のもと、アンケートを行いました。「特性がわかって何が良かったですか?」の質問に対して、「いらいらする理由や落ち込む理由がわかった」「生まれつき人と違うということがわかった」「自分は変わっているところがわかった」「他人と少し違うのがわかって安心できた」「自分は変なやつではないとわかった」「人と違うところがあっても、人は皆同じと思う」「特別な才能があること」などの自由記述がありました。

　一方、「特性がわかって困ったことはありますか?」に対して、「何かあったときに障害のせいにする」「チックがいっぱい出てしまう」「治るものではないとわかり、少しニヒルになった」「他人と違うということが心理的にきつかった」という回答が寄せられました。

　ここで、具体的な事例についてご紹介します。来談時、大学生であったAさんで、実際に私が診断告知をさせていただいた方です。3歳時少し言葉の発達が遅かったため、療育教室に通いました。母親はいろいろな本を読み、わが子は自閉症なのだろうと推測されていました。なお、言葉は2歳までに単語、3歳までに二語文が話せているので、アスペルガー症候群ですね。小学校3年生でいじめがあり、小学校4年生の時に一週間不登校になりました。この不登校を機に、学校と連携を始められ、高学年では落ち着いて小学校生活を送れたということです。

　中学校1年時に学校カウンセラーの勧めで児童精神科に紹介されて、アスペルガー症候群と診断を受けられました。気づきが3歳で診断が中学校1年時です。中学校2年生の時に生徒会長に立候補しようとしますが、状況判断が難しく、人をまとめるのが苦手なために、担任が機転を利かせ、「君には是非応援演説をして欲しい」ともちかけます。彼女は納得して演説し、応援をした生徒が無事当選

しました。その後、中学校の校長先生に勧められた私立高校に進学します。

　この頃、主治医から告知を勧められますが、保護者は踏み切れず、私立大学に推薦で入学となりました。サークルの仲間から、「お前なんかにうちのサークルが務まるか」と言われ、彼女は母親に「私はそんなに意味のない人間なのか？」と尋ねます。

　また、人の役に立ちたいと児童館のボランティアに参加しましたが、代表者から辞退願えないかと、保護者に連絡がありました。人が好きでアルバイトも接客業を好み、面接を受けるものの必ず不合格になります。

　現在の大学は、１回生から就労を意識させるためのプログラムが充実しています。彼女も大学の就職セミナー等に参加しましたが、言葉を字義通りに受け取り、非常勤雇用は駄目と聞けば、そう思い込み融通がきかなくなります。現実的には、地域の発達障害者支援センターにつなげ、専門的な見地からの就労支援が必要です。しかし、発達障害者支援センターに紹介するにも、本人に発達障害であると伝える必要が生じました。

　そこでまず、ニキ・リンコさんの『俺ルール！自閉は急に止まれない』〔花風社〕を読んでいただき、感想文を書いてもらいました。それをここで紹介します。「春になったら。で、春とは三月から五月と理解していたことを読んで、三月に始まるはずの春が、入学式が四月だと聞いている。三月から五月の春は気象上で、入学式の絵は五月のところに描かれていたからニキ・リンコさんは何が起きたのだろうと怖くなった。春が四月から始まるということも考えていて、そうであれば夏は七月から九月などとなる。旧暦の春は二月上旬に始まると知ってさらに混乱し、その後、数か月経ってがらりと変わってしまうのはなぜだろうと思った」と、延々と季節と暦のことについて書かれていました。仕方なく、「自閉症について理解し

ましたか？」と迫りましたが、「やはり自閉症の方にはこれを読んでほしいし、それ以外の方にも読んでいただきたいと思います」と、まるで他人事のようでした。

　そこで、次の手段として、自分の良いところと改善したいところを10個ずつ挙げるよう宿題を出したところ、2～3個書いてくれました。自分の良いところは、「食べる物を人の分も考えて分けてたりなどすること」「パソコンのフォトショップをやって最初はわからなかったところが、次第にわかるようになってくるところ」「いいことを言われるとうれしくなる気持ちになること」でした。細かすぎるエピソードが挙げられており、部分を見て全体を捉えられない特徴がよく出ています。改善したいところは、「持ち込みが不可の試験の前に必死に勉強して、そのような内容が覚えられないこと」「知っている人に出会うと緊張して人見知りしてしまうこと」の二点でした。

　自分の特性に気づくのは難しいと判断し、母親同席の元、手紙〔以下、カッコ書きの箇所〕を渡して読みました〔手紙は、ペック研究所吉田友子氏による診断名告知文例を参考に作成しました〕。

　「＊＊さんへ。これまで私のところへ三回相談に来てくださいましたので、アドバイスをまとめて報告します。あなたは音楽やきれいな物、かわいい物を愛する優しい心の持ち主であり、自分の好きな音楽を人に聴かせてくれることができます」。彼女は童謡を好み、必ずカセットを持参して聴かせてくれます。「争いごとは嫌いで平和を愛する人です。人にうそをついたり、いじめたりすることもありません。好きなことに関しては集中して調べることができ、たくさんの知識をもっています。あなたは困っていること、苦手なことがありますが、これを急いで克服するのは難しいと思われます。コミュニケーション能力を高めたい気持ちも強いと思いますが、それよりも今は苦手なことを理解してくれる支援者のいるとこ

ろでアルバイトや仕事に就くことをお勧めします。」

「あなたが苦手なことは次の三点と思われます。1、人の話を聞いてその意図を理解し、その人の気持ちに共感すること。2、人との会話を続けること。3、金属に触れること。」彼女は金属に触れるのが苦手で、ドアノブは、必ずハンカチを添えて回していました。

この三点に対し、私たちは援助を始めました。まず、一つ目の課題に対して、大学院生たちと"共感"をテーマとしたセッションを一年間取り組みました。そのなかで、彼女から聞かれた言葉です。「共感するということは、例えば友人が試験に落ちて自分だけが合格したときに、自分は合格してうれしい気持ちをその友人にそのまま出してはいけないこと。自分だけがうれしい気持ちになるなんて、なんと失礼なことか。」二つ目の会話の維持についても、院生とセッションを行いました。

手紙の続きに戻りましょう。「このような特徴のある人は、アスペルガー症候群のタイプの人であると考えられます。この特徴のある人は世界中にもたくさんいて、100名から200名に1人の割合と考えられています。女性も男性もいます。」と、一人ではないのだということを伝えます。「最後にこのタイプの人は接客の仕事に就くと、大きなストレスがたまります。ですので、自分のペースでできる接客業以外の仕事が好ましいでしょう。この件に関し、相談に乗ってくれるところをご紹介しますので、一度訪れてみてください。」この手紙は、最後に彼女に渡しました。

その後母親と共に、主治医を再度受診し、相談の上療育手帳を取得されました。さらに、発達障害者支援センターを訪れ、就労に向けての研修を重ねられます。メールで近況を尋ねたところ、現在仲間と共に自動販売機のチェックや宿泊施設のリネン類の管理といった仕事を楽しくやっていると返事が来ました。

この症例の場合、いくつかの支援のポイントがあります。まずは

主治医をもう一度訪問していただき、必要な支援の見通しとアドバイスを受けていただいたことです。もうひとつは、発達障害者支援センターへの紹介です。自分の特性を知り、適性を把握した上で職業のマッチングを行い、仕事に就いた後はストレス・マネージメントしながら働き続ける社会人となるための、入り口にたどり着いたことです。

診断告知の意義

　ここまで見てきて、最後に診断告知の意義はいったい何なのかを整理していきましょう。発達障害のある人たちの日々現れる悩みに対しては、本来一つひとつ丁寧に応じる必要があります。これは主に、身近な家族や教師によって行われるでしょうが、日が変わり、人が変わり、状況が変わる中で、応用が利かず別個の事柄として悩んでしまい、一つひとつ丁寧に対応するには限界があります。ましてや主治医が対応するのは難しく、彼ら彼女らが思春期を迎えれば家族や担任に相談することにも抵抗を覚えるかもしれません。しかし、発達障害があると伝えることができれば、例えば自閉症スペクトラム障害の場合など、悩みの本質を三つ組みの障害に集約することで、解決への手立てを自ら求めることができると説明することが可能です。もちろん、限界はありますので、身近な相談者、専門的な支援者の存在は不可欠です。診断告知の目的は、自分の特性をしっかりと知り、その特性の観点から自分の悩みを分析する力を備え、ある意味自分で自分の支援者になっていただくことです。ときには自ら適切な書物や講演、ホームページにアクセスし、有用な情報を収集できるようになるきっかけになると思います。

小学6年生の女の子に診断告知をした後、母親に「私アスペなので気をつけようっと」と、行事の前に心の準備をしていたエピソードを聞いたことがあります。また、注意すべきこともあります。あるアスペルガー症候群の女性が、専門学校の教師の理解が得られず、困り果てて「私はアスペルガーなのです」と、教師に言ったところ「だから何なんだ？」と軽くあしらわれ、深く傷ついたとことがありました。大切な"切り札"を見せて理解を求めようとしたにもかかわらず、むしろ逃げの口実ととらえられ逆効果となりました。
　あるアスペルガー症候群の大学生が「コミュニケーションが苦手なあなたにピッタリ」という触れ込みの数十何万もする英語教材を契約しようとして、親にこっぴどく叱られたことがありました。広告で使われている言葉が日頃の悩みにマッチし、これを鵜呑みにしたことが誤りでした。もし、告知が行われていれば、例えば自閉症関連の親の会などが支援グッズとして販売する、スケジュール帳や教材などを抵抗なく利用することが可能であったかもしれません。
　それから、特性と就労のマッチングがしやすくなるもの利点です。ややもすると、親は子どもの好きなこと、得意なことをぐんぐん伸ばし、将来は仕事につなげたいと夢を抱きますが、なかなか現実はそう容易ではありません。以前、ある講演後に当事者の大学生から質問を受けました。「私にとって小学校は初等収容所、中学校は中等収容所であり、楽しいことは何一つありませんでした。ところが高校で僕のことを初めて評価してくれる先生が現れて、僕は息を吹き返しました」といいます。彼は、その後小説の執筆に目覚め、大学は文学部を選択しました。何とかこの道で身を立てようと考えているといい、また自作の小説を見せてくれました。しかし、これが非常に難解で、マニアックな内容でした。現実にはこれで食べていけるかというと、かなり難しい。酷なようですが、好きなことは何が何でも仕事にしようとするのでなく、経済的自立とは切り

離して考え、仕事と趣味を分けて考えるというアドバイスも必要なことがあります。

　最後にまとめると、発達障害のある人たちにとっての思春期・青年期以降の課題は、診断告知を最初の一歩として、まず自分の特性を知るということです。発達障害をも、自分を構成する大事な要素として受け止めるということ、適切な機関に自ら支持者を求める力をつけることも大切です。それから、最後には保護者以外の理解者と共に、自立した生活を送ることです。これらの課題を一つひとつクリアして、発達障害のある方々が自分らしく充実した人生を送って欲しいと心から願っています。

第 2 講

発達障害スペクトラムへの理解
―― TEACCH プログラムによる支援 ――

佐々木　正美

The 2nd Lecture

　ここでは、発達障害スペクトラム、あるいは自閉症スペクトラムと言われる人たちへの私なりの理解と、かれらに出会って二十八年間で、自分なりに深めてきたTEACCHプログラムへの理解をお伝えしたいと思っております。

発達障害スペクトラムの基本的な理解

発達障害スペクトラムの特性

　自閉症スペクトラム、発達障害スペクトラム、広汎性発達障害などといろいろに呼ばれますが、その人たちの神経心理学的な特性や専門家が今そのことをどのように考えているかを知ることはとても重要です。以下に発達障害スペクトラムの基本的な特性について述べていきます。

　【視覚的情報への親和性が大きい】　視覚的な情報への親和性がとても大きい。彼らは物を目で見て理解する、あるいはしっかり記憶する。視覚的情報との関係で、「こうであれば必ずこうです」「ああであれば必ずああいうものです」という具体的・個別的な関連がしっかりしているものをよく理解します。規則や法則がはっきりしているものへの理解が得意な人もいます。個人差はありますが、物理や数学が得意な高機能自閉症の人は必ずしも珍しくありません。

【想像力が乏しい】　そういう能力がありながら一方では、想像力が乏しい。具体的でないこと、「こうであっても、こうであるかどうかわからない」、その時々の状況などによって推理・判断しなければならないという想像力を必要とするようなものを了解・理解するのが苦手です。規則や法則、決まりがはっきりしていないとわからなくなり、困惑する、混乱するという人が非常に多い。見えないものに意味を見いだすという力が弱い。ですから話されたこと、話し言葉で伝えられたことを了解するのが苦手な人が多い。これだけ自由に話せるのだから、相手の言っていることも当然わかるだろうと思いますと、それがわかっていない。話されたこと、見えないものの意味を見いだす力はとても弱いのです。

【関心・興味・知識が狭いところに強く向かう】　関心や興味や認識が狭いところへ強く向かいます。これをシングルフォーカス、モノトラックという表現で言うこともあります。こだわりが強い子とよく言われたりします。この力がうまく育つと、一芸に秀でた人になったり、ある部門のある部署に関する高度な専門家あるいは研究者や学者になったりします。

【予期しないことへの恐れや混乱が大きい】　予期しないことがとても不安です。恐れや混乱が大きい。これもこの人たちの大きな特性です。ですからスケジュールをしっかり作って予告してあげてほしいと言われるわけです。

2009 年、英国自閉症協会の人が出版した本に編集部が「この人たちは次の瞬間に何が起きるのか、何が起きないのかということを考え続けることに疲れ果てている」と解説していますが、彼らは予期しないことが起きることがとても怖いんです。私たちからはちょっと想像ができないほど混乱します。

学校でも職場でも、いろんな場面でスケジュール、タイムテーブル、時間割が予告されていないと安定した適応が図れない人は非常

に多いと思います。自分で無理やりにスケジュールを作って、それにとらわれるようにして安定しようとしている人もいます。適度にいいスケジュールを作ることができない人は、あることにこだわって安定しようとすることがよくわかります。予期しないことがとてもつらいわけです。

　【肯定が意味になり、否定は意味になりにくい】　何事も肯定的に言われると意味がわかりやすい。否定的に言われると意味にならなくなってしまう。「こうしないさい」と言ってあげるとわかりやすい。「そんなことしちゃ駄目でしょう」と言われると訳がわからなくなる。どうすればいいのかがわからなくなります。

　幼稚園や保育園などで「水遊びをやめなさい。水道止めてください」と言われると、その子は、水道の蛇口のそばで立ち往生して、かんしゃくを起こしたり、パニックになったりします。一般の子どもは、「水遊びをやめなさい」と言ってあげても平気です。「じゃあブランコに乗って遊ぼうか」「砂場に行って遊ぼうか」というように、ほかにやってよいことを自分で考え出せばいい。そういうイマジネーションとしての想像力、クリエーションというものを創り出す創造力がある。

　こういうところが発達障害スペクトラムの子どもは非常に弱いですから、どうしてもしてはいけないことを伝えなければいけないときには、必ずその後に「こうしなさい、こうするといいですよ」という肯定の部分を添えてあげると違います。「水遊びをやめなさい。お部屋に入ってブロックで遊ぼう」。何をしよう、何をしなさいということの方を強調するといいわけです。肯定的なことが意味になる。それに対して否定的なことを言われたのでは意味にならない。

　高機能自閉症の方のある集まりで、「みんなだってそうでしょう。例えば、会社に勤めていて、もう明日から、あるいは来週からこの会社に来ちゃ駄目。もう来ないでくださいと言われたらどうなりま

すか?」と言った人がいます。「急にこうしちゃ駄目って言われたら同じでしょう。だけど別の会社のあそこの課に行ってお仕事をしてくださいと言われたらいいでしょう。僕たちの気持ちは、僕たちの頭はそういうことなんですよ」と言われました。「こうしたら駄目だ」と言われただけだと混乱する。小さな時には「この遊びやめなさい」と言われただけで混乱する。「大きくなって今にしてみればわかるんです」と。子どもの頃から今までを振り返って、こういうことを言われました。つまり、肯定的に何かを伝えてあげると意味になるけれども、否定的に言われるのでは意味を失うのです。

【同時総合機能が困難で、中枢神経系の統合力が弱い】 脳の中には運動機能をはじめ、いろいろなことを蓄積、学習されたさまざまな機能があります。彼らはそれらを必要に応じて同時総合的に活用するのが弱い。同時総合的な活用の弱さが、同じことを繰り返し活用するように見えることもあり、私たちはそれをこだわりと呼んだりしました。毎日基本的なところで同じような生活の繰り返しなら安定するけれども、めったにやらないことを急にやろうというと困惑する、あるいは大混乱に陥る。

テンプル・グランディンさんというアメリカのコロラド大学で動物行動学を専門とする先生がいます。テンプル・グランディンさんは「自分の国の言葉であっても第二言語のようなものです」という表現を本の中でも使っています。

みなさんも得意・不得意があっても第二言語をおもちだと思います。第二言語というのは確かに頭の中でまとめ直しながら話したり聞いたりしています。

テンプル・グランディンさんに言わせると、第一言語は子どもの頃は絵でした。だんだん大きくなるにつれて絵と文字の組み合わせになってきました。話し言葉は第二言語です。このことは私にはよくわかります。アメリカの大学でシンポジウムや講義でいろんな話

をするときに、視覚的な情報をしっかり自分でもっていると助かるので、紙に書いたり、おおよそのスケッチをして、こちらからもっていきます。ところが、質問を取るというようなときにそうはいかないものがある。テンプル・グランディンさんも大学の教授です。「講義をする方はずっと楽です。用意がしていけますから。だけど質問を学生から取るというのは嫌いです。講義をするより質問に答える方が大変です」とおっしゃる。

　シンポジウムや何かのときに、最初に自分がプレゼンテーションを15分、20分とか決めてやるのは、ノートを作っていって話をするので楽です。そこからフリーディスカッションになるわけです。そうすると、とたんに第二言語になってきます。頭の中でみんなが話していることを捕まえていく。私は発達障害スペクトラムじゃありませんからメモは取れます。だけど大変です。テンプル・グランディンさんが言われた第二言語の意味がよくわかります。話されたことを文字化します。つまり、第二言語を第一言語に変えるわけです。

　みなさんも第二言語の大変さを実感なさるでしょう。発達障害スペクトラムの人は、非常に能力が高い人でさえ、自分の国の言葉にこういう第二言語的な苦労をしている。みんながどうして先生の長い話を40分も45分もちゃんと聞き続けていられるのか。その意味をしっかり捕まえていられるのか。大切なことはメモに取っていられるのか。同時総合機能がありますから聞きながら書いている。発達障害の人はできないでしょう。聞くということ自体にもう精魂込めるわけです。われわれより大きな困難を伴うわけです。すらすらしゃべっているように見える人でさえ、聞きながら書くということは大変ですとおっしゃいます。同時総合機能が弱いことはこういうことに関しています。

　単純に走るだけ、駆けっこなら速いという子もいます。アスペル

ガー症候群の子は駆けっこがあまり速い子はいないと言われますけど、中にはいます。駆けっこだけなら速い子というのは、けっして珍しくありません。マラソンのように長距離でもおられます。ところが、跳び箱のような動作になるとひどく混乱します。どんなに跳び箱が大変なことかと、その子と一緒に考えながら思いました。助走をつけて走ってくる。そこまでならできるんです。踏切で踏み切って跳ぶんです。「どっちの方向へ飛ぶんですか？」と。「高く飛ぶんですか？」「前に飛ぶんですか？」。その中間ぐらいのところ目掛けて跳んでいくわけです。どっちの方角にどういうふうに跳ぶのかって考えるのが大変だと言っていました。跳んだ直後に、跳び箱の背のところへ両手を付くんです。わずかな時間差です。その時には両足を開いてなくちゃいけないんです。付いたその瞬間に体をぐいと前へ乗り出すんです。かと思ったら、もうすぐ次の瞬間には両手を離して向こう側へ着地をするんです。着地をするときには両足を閉じているんですと。

　こんなにたくさんのことをわずかな時間差の中に次々に入れ込んでいる。一般の子どもは先生や上手に早く跳べるようになった子どもの跳ぶのを見ていて、リズミカルなことも含めて覚えてしまう。発達障害スペクトラムの子どもはまとまらないです。やるたびに跳び箱にぶつかったりするわけです。低くしてもらえば跳べるというようなものじゃない。いくつもの動作を組み合わせる同時総合機能が駄目なんですから。

　だから単なる走り幅跳びのようなことぐらいまでならできるんです。走ってきてこの線で前に跳ぶんですと。それならできるんです。高跳びになると、もうずっと下手になります。バーを見てね、怖いですよね、バーを見てその上を跳んでいくっていう単純な高跳びが。

　同時総合機能が弱い。この人たちにとってみればもうとても大変

なことです。だから一芸に秀でる方がいいのです。いくつもの動作を同時にするとか、あれもできる、これもできるというようなことに無理にしないでおいてあげようと私は思っております。

【感覚様式が切り替わりにくい】 感覚様式、感覚モダリティが切り替わりにくい。あるいは二つの感覚を同時に活用できない、機能を発揮できないとよく言われます。

ニキ・リンコさんというわが国を代表する自閉症の方がいらっしゃいます。ニキ・リンコさんが「私の頭は先着ご一名さましか入れません」と言われたんです。「画像による情報が頭に入りやすいんです。だから画像が頭に入っているときには、その画像についての説明を誰かがしてくれても耳はそっちに開いてません」とおっしゃったんです。見ているときに、見つめている物に対して誰かが説明してくれたって聞こえませんよという意味です。見ることをやめて聞く方にスイッチを切り替えたら、「さっき見てたあれね」と言って説明を受けたらわかる。見ている最中に説明を受けた方がわかりいいと私たちは思いますけれども違うのです。

シングルフォーカス、モノトラック、感覚モダリティが切り替わりにくいなどは、ある意味では脳の統合機能の弱さだと思います。統合機能が弱いということは、逆にあまりあれこれ脳の機能を統合させないで働かせればよいということが発達障害の人にあるわけです。統合が弱い。一つのことに集中する。一芸に秀でる。ある領域の高度の専門家になる。こういう人たちがたくさんいると思います。

ノースカロライナのTEACCHプログラムのビデオテープに最初に出てくる人が、ニュートンやモーツアルト、アインシュタイン、ビル・ゲイツだそうです。この人たちは発達障害スペクトラムの人ですという意味です。こういうことをお聞きになりますと、みなさんいかがですか？　自分が発達障害でなかったことが残念に思えませんか？

発達障害の人の優れた特性はほかにもたくさんあります、こういう能力を探して大切にしてあげたいと思います。私たちはつい、みんなにあるのにその子にだけないところをいじめて非難してしまうのです。あるいは頑張らせてできるようにしてしまおうとしている。しかし、彼らはできない、あるいはならないのです。そういうことを私は思いました。

発達障害スペクトラムの行動・感情・特性

　【自分のやり方で行動する】　発達障害スペクトラムの人たちは何も悪意がなくても自分のやり方で行動します。ある意味ではそうしかできないところがあります。わがままや躾の問題ではありません。
　【暗黙の了解はない、常識が身につきにくい】　暗黙の了解といった目に見えないものに意味をもたらすのは難しい。あるいは常識が身につきにくい面があります。知的障害とは違います。
　私は近年、能力の非常に高いアスペルガー症候群の人たちからご相談を直接受けることが多くあります。仕事はできるが、周りの人との人間関係の問題で困っていると言われる青年がいました。その人と上司の方とご両親とで時間を決めて集まり相談することにしました。そしてその日、予定の時間に私は行ったと思っておりましたら、その青年が私の顔を見るなり「佐々木先生、1分遅刻です」と言ったのです。
　彼は事実を話しているだけなのです。ところが普通の意味で常識というものをもっていらっしゃる会社の上司とご両親はびっくりされました。「何てことを言うんだお前は」と言うわけです。お父さんや上司の方の気持ちも、自閉症のその青年の気持ちも、私は両方

わかります。「佐々木先生、お忙しいのに僕のためによくおいでいただいて」が常識です。彼は私が忙しいか忙しくないか知らない。それなのに「佐々木先生、お忙しいのによくおいでいただいて」なんて、嘘か本当かわからないようなことを言えません。本当のことしか自閉症の人は言えないのです。

　こういうのが常識、時には暗黙の了解ということでしょう。発達障害、自閉症スペクトラムの人はこういう世界をもたないわけです。小さい時には小さいなりに、大きくなったら大きいなりに、いろんな常識的な事柄を、生きていくために、社会性として身につけていかなくちゃなりません。しかし、こういうところが身につかない。暗黙の了解がわからない。常識が理解しにくい。何事も自分のやり方で行動する。その青年が「佐々木先生、1分遅刻した」と悪意で言っているのではないのです。非難しているのではないのです。遅刻なんかしてとんでもないと言っているのではないのです。1分でもありますしね。さらに彼は「僕の時計は正確です」と言ったのです。ご両親や会社の上司は驚かれる。「だからお前は職場のいろんな人とトラブルになるのだ」といろいろ言われるわけです。

　発達障害の人は、理解者のいるところでしかいい適応や能力を発揮していけない。これはもう決定的な事実です。TEACCHは私たちにそれを教えようとしているわけです。

　【得意・不得意の差が大きい】　得意なことと不得意なことの落差が非常に大きい。その落差が大きいほど発達障害が顕著と言えるかもしれません。しばしば非凡なものと優れているものを必ずもっています。

　【優れているもの・非凡なものを、自分で社会的に発揮するのが下手】　しかし、非凡なものと優れているものを自分の力で社会的に発揮していくのは下手です。非凡なものを発揮していくために導いてくれる人が必要です。

【規則・役割・相手の気持ちや立場が理解できない】　その場のルールとか役割とか、相手の気持ちとか、立場というのを理解しにくいところがあります。しかし、それは利己的であるからではないのです。

【話すことよりも、相手の話していることを理解するのが下手で、雑談に入れない】　話をするのがこんなに上手であっても、相手の話していることを理解するのが下手です。だから雑談にはほとんど入れないでしょう。雑談というのは、自分が話すことだけでは駄目です。相手の言っていることをちゃんとそしゃくして理解して、それに呼応するようなことを自分の頭の中で組み立てて相づちを打っていくということが必要です。その意味で、雑談が上手というような人は、発達障害の中にほとんどいない。講演が上手な人がいても雑談は下手です。

【字義どおりに理解し、冗談や比喩が通じない】　何事も字義通りに理解するのです。空気を読みにくく、冗談や比喩がなかなか通じない。

【臨機応変の応用や適応が下手】　臨機応変の応用や適用が下手です。

【治療的対応よりも、本来のもち味が発揮できるような援助を好む】　この人たちのもっているこういう特性を、あるいはあえて障害と言ってもいいですが、それらを治療的に治そうとして治るということはほとんどありません。というより、本人を苦しめてしまいます。本来のもち味が発揮できるような援助をしてあげることが大切です。

【理解できることや決められたことは、律儀に融通がきかないほどきちんとする】　理解できるようになったこととか決められたこと、わかったことは、律儀に融通が利かないほどにきちんとします。

【嘘はつかない、裏表はない、きまりは守る】　発達障害の方のい

いところは、嘘をつかないことです。本当は嘘がうまくつけないのです。私たちは適度に「嘘も方便」ということで、適度な嘘を上手に組み合わせながら環境に適応しているわけです。私たちは、この人は忙しそうな人かそうでないかということはわからなくても「お忙しいところ、ようこそおいでいただいて」みたいな心にもないことを言ったりします。場を取り繕ったり、いろんなことをしながら、生きてるわけです。この人たちにはそれがない。だから周囲とぶつかってしまったりする。うそはつかない。裏表がない。きまりをちゃんと守る。適当というやり方はしないのです。

【優れた能力は必ずあるそれなのに謙虚である】 優れたところをみんなもっている。時には非凡なところさえもっている。それなのに謙虚です。この人たちは誇るというような感情をもっていないみたいなところがあります。

【優れた能力を教育・支援してくれる人を求めている】 優れた能力をもち合わせている。それを教育・支援してくれる人に会いたがっています。そういう人たちを求めてもいます。

【苦手なことを直したり修正したがる人に出会うことを恐れている】 苦手なことを直したり修正したがる人に出会うことを彼らは非常に恐れています。本当に恐れています。高機能の青年たちに出会って、彼らと自由にあれこれやり取りしていますと、誰もが必ず「理解してほしいんです」と言います。逆に言うと、いかに理解されないで大きくなってきたかということです。「理解できなかったら支援なんかしないでください」と彼らはよく言うのです。

発達障害の子ども／人の対人関係についての理解

a）人の気持ちを察せられない。相手にあわせられない。
b）常識や規則を無視する。
　　何事も自分のやり方やこだわり方でやる。
c）すぐ怒る。かんしゃくを起こす。パニックになる。
d）理解や納得ができないことを強制される。
e）自分の気持ちがわかってもらえない。
　　伝え方がわからない。
f）いじめに遭ってきた／遭っている。
　　助けを求められないでいる／きた。
g）絶えず不安のなかにいる。

　この人たちは、理解や納得ができないことをいつも強制されているように感じながら大きくなってきています。自分の気持ちがわかってもらえない、自分の気持ちの伝え方もよくわからない。そして、いじめに遭ってきている。あるいは今現在いじめに遭っている。助けを求める求め方がわからない。絶えずこういう不安の中にいます。発達障害の子どもや人について、個人差はありますが、こういうことを理解してあげてほしいと思います。

当事者の声

　当事者である高機能自閉症の人たちの声を集めました。このほとんどすべては直接ご本人から私が聞いたことです。その人がご自分の本に書いていらっしゃる場合もあります。テンプル・グランディンさん、ニキ・リンコさん、ドナ・ウィリアムズさんにお会いして、ご一緒に講演会、トークやシンポジウムをして教えられてきたことです。

　「言葉より絵で考えるように生まれついたんです」とテンプル・グランディンさんはおっしゃいます。ニキ・リンコさんは「自分にも背中があるなんてことは、大きくなるまでわからなかった。だって見えないですから」と言われました。ニキ・リンコさんと藤家寛子さんが対談している本〔『自閉っ子、こういう風にできてます！』花風社〕があります。「よくあんなに楽しそうに生き生きと対談ができますね」とニキ・リンコさんに問い掛けてみたことがあるんです。そうしたら「だってお互いに理解し合える者同士ですから」。相手の方もアスペルガー症候群です。「わかり合えるから」と言われました。

　これもニキ・リンコさんがおっしゃっています。子どもの頃、寒いときにコタツに入るとあったかくて気持ちがよかった。だけど足が見えなくなっていってしまうのが不安でした。いつも視覚的な情報にこだわっている。一番大変なのはコタツから出るときで、見えない足をどう動かしていいかわからない。だから、コタツ掛けを大きくめくり上げて、足をちゃんと見つめながらコタツから出てきた。そのたびに家族に怒られた。せっかく温まった空気をお前はど

うして出すんだと。自分たちには「ほかの人たちはなぜ自分の足を見ないでちゃんと正しく動かして出てくるのか」がわからない。いつもそういう自己不全感の中にいる。こういうふうなことは当事者同士でなかったら理解し合えないから、なかなか他の人との会話は弾まない。いろんなことを、自分の思いを相手に伝える気持ちが起きないと言うのです。

　近年、私のところに高機能自閉症の人が電話やメールでいろんなことを言ってくださります。家族と一緒に「ぶどうの木」というホームページ（http://www.budouno-ki.net/company/outline.html）をやっています。お好きなことをどなたでも掲示板にどうぞと書いているので、当事者の人の書き込みがたくさんなされます。

　ある方は「佐々木さんのホームページのぶどうの木の掲示板は、私たちの心のオアシスです」と、こんな見事な表現を自閉症の人がするのかと思うようなことを書いていらっしゃる。いろんなことをお書きになっています。私たちとはこんなに違うのだということを、ここなら安心して言える、書けるって。そうすると、それに対してまたほかの人たちが、そういう大変さはこのようにして克服しましたとか、解消しましたとかって、また別の当事者がお書きになられます。

　「授業を聞き分けるより、教科書や参考書を読む方が得意です」というお手紙をいただきました。相手が自分と違うことを考えたり、自分と違うことを相手が考えているということがわからなかったとおっしゃる人もいました。テンプル・グランディンさんは「シェークスピアを読むことはできる。本を読むのは好きで得意だから。だけど、ロミオとジュリエットがなぜ悲しんでいるのかがわからない」とおっしゃるのです。そうすると私たちからすれば読んだことにならないということになるわけです。

文字をバーッと読んでいくのはとても速い。だけど、書かれていることの真意がわからない。裏を向けたまま取れるんですからトランプの神経衰弱ゲームなんていうのは、もう得意中の得意のゲームです。しかし、鬼ごっこを楽しむことができない。鬼ごっこは決まったパターンがない。その瞬間、その瞬間を臨機応変に自分の推理・判断で行動するわけですが、自閉症スペクトラムの子どもたちが鬼ごっこを楽しむなんてことはほとんどないです。そもそも鬼と鬼でない人の意味の違いがよくわからないでしょう。そのことをまず理解することが難しいでしょう。ところが彼らは、私たちにとっては神経衰弱になりそうなほど大変な神経衰弱ゲームが強い。私のところへ通ってきていた少年、もう今は青年ですけど、トランプの神経衰弱ゲームが好きで強いのです。私を相手に負かして喜んでおり、「先生、神経衰弱ゲームやろう」ってよく言っていました。

　個別的な記憶や能力が高いのと同じように、歴史の年表をもう嫌というほど覚えている人もいます。私のところへ診療相談に保護者に連れられてやって来ては、いつも私をテストします。「先生、大化の改新は何年だ？」とか、「フランス革命は何年だ？」とか。よく知っているのです。私が答えられないと「先生、頭悪いなあ」なんて言うのです。不思議に思えたのでしょうね。こんなに物事が覚えられない先生が大学に行ったなんていうのは。あるとき、私が「1935年、昭和10年8月何日生まれ」と誕生日を伝えましたら、別の子が「先生、それ日曜日です」と教えてくれたのです。びっくりします。どうやってわかるのか説明できないのです。

　そういう私たちにはとても考えられないような能力をもっている。なぜわかるか、どう計算するのかということが説明できない。この人たちのもっている何とも言えない能力です。

　その一方では、抽象的なことの意味がわかりにくい。テンプル・グランディンさんが、「幸福」とか「親切」という言葉の意味がわ

からないとおっしゃっています。多様な意味があるし、人によって意味付けが違うかもしれません。テンプル・グランディンさんは、アメリカ人はHappy〔幸福〕という言葉をよく使いますが、自分は幸福という言葉の意味が本当はわからないとおっしゃっています。だけどよく使われる言葉ですので、わからないでは済まされない。だから自分はフレンチトーストを食べているときの気持ちを、Happyという言葉の意味として1対1関係で個別化して捉えるようにしているのですとおっしゃいました。本にもお書きになっています。フレンチトーストがお好きなのでしょう。だから食べているときはお幸せなのでしょう。

「でも、そんな狭い単純な意味ではなくて」とわれわれはすぐ言いたくなります。親切ということは、確かに自分が行こうとしている前の扉を開けてくれることです。具体的でわかりいい。じゃあ他にはというとない。そういうふうに決めている。決めること、個別化することによって、そのことの意味がつかまえられる。こういうふうにしながら生きていらっしゃると考えられます。

オランダのバンダーレンさんは、狭いところへ強い関心、興味、認識が向かうということをこう説明しています。「金づち〔ハンマー〕」を見せられても、金づちの全景をいきなり見ることはできません。自分は鉄の塊(かたまり)をじーっと見つめることから始めます。そして、ふっと視線をそらしたら、そこに木の棒が横たわっていることに気が付く。それからさらに、木の棒とその鉄の塊(かたまり)はつながっているものなのだということに気が付いて、金づちの全景が見えてくる、と。

テンプル・グランディンさんは、「1枚の白い四角い紙」を見せられて、いきなり「1枚の白い四角い紙」という認識にはならないと言われます。まず紙の表面を見るでしょう。まず表面がスムーズだなというのがわかる。表面のなめらかさだけを見ている。ふっと

気持ちを変えたら、ああ、白いんだっていうことがわかる。さらにその後にフラットだということが見えてくる。スムーズとホワイトとフラットを別々に順番に見ていくんです。その後に薄いと、そしてさらにその後に、全体を見渡すようにしてスクエア、四角いっていうことがわかって、それらがみんなつながるようになって「1枚の白い四角い紙」という認識になります、と言われたのです。

　事と次第によって発達障害の人たちは本当に時間が掛かります。遅いのです。よく「早く早く」と言われて混乱している子がいます。1枚の白い四角い紙という認識に、一つずつ表面がなめらかだということ、白いということ、平板〔フラット〕だということをなぜ一緒に読み取れないのかはわかりません。逆にみなさんはなぜ見た瞬間にこれだけの情報をパッと全部読み取れるのかわかりませんねと彼らは思うのかもしれません。

　自閉症スペクトラムの人たちは、いろんな物を見たときに「木を見て山を見ない」とよく言われます。狭いところへ強い関心・興味が集中するのです。

　シングルフォーカスであるということを自分では承知しているつもりでした。ところがドナ・ウィリアムズさんという英国の自閉症の人と一緒に講演会をしてご本人からこんなことを言われてびっくりしました。「一度に二つの情報を処理できません。一度に二つのファンクションを発揮できません。だから今、みなさんに講演をしています。自分で講演をしながら自分で話していることを、同時に聞いていることはできないんです。聞き続けていくことができません。自分はモノトラックですから」。この時モノトラックという表現を使われたんです。「一つの配線しか動かないんです。話そうとしたいときに、話していることを一生懸命話している。これは準備をしてきたことだから話せていると思う」と話していらっしゃるのです。「だけど、どれくらい正しく話しているかを自分でちゃんと

聞き分けていることができない」とも言われています。

ドナ・ウィリアムズさんは『Nobody Nowhere』〔翻訳書名『自閉症だったわたしへ』新潮社〕の著者です。話していることと聞いていることを同時にできない。こんなに大変なのかとびっくりしました。それには個人差があると思います。自分で話していることを自分でちゃんと聞き続けることができる人もいらっしゃるでしょう。できないとはっきりおっしゃる人もいます。こんなに大変な状態で生きていらっしゃるのかと思いました。

以下に当事者の言葉としてあげてありますから、参考にしていただければと思います。

・何が起きるか起きないかを考え続けることに疲れ果てている。
　　予定外のことが起きると激しく混乱・当惑する。
　　習慣やルール以外のことに苦しんでいる。
・「〇〇しなさい」はわかるが、「××はだめ」はどうすればよいかわからない。
・苦痛であった記憶を消すことができないし、今起きているように思い出される。
　　辛かったことを忘れることができない。
・理解してほしい。理解できなかったら、支援はしないでほしい。
　　熱心な無理解者が、私を一番苦しめてきた。

TEACCHの理念・哲学

ここからはTEACCHプログラムについてご案内します。TEACCHとは、Treatment〔トリートメント〕のT、Education〔エデュケー

ション〕のE、Autistic〔オーティスティック〕のA、Communication handicapped〔コミュニケーション・ハンディキャップ〕のC、Children〔チルドレン〕のCHの略語です。Treatment and Education of Autistic and related Communication handicapped CHildren。自閉性ないし関連領域のコミュニケーション障害をもった子どもたち〔まだこの当時は子どもたち〕へのTreatment and Education〔治療と教育〕、の略語です。

1) 十分に観察して特性をよく理解する

1）から9）まで、TEACCHの理念・哲学をあげています。一部方法論に触れることがあります。TEACCHは何をおいても個人を十分に観察して、その特性をよく理解して治療や教育に入っていきます。想像や仮説に基づいた理論ではなく、客観的・実証的な事実を大切にします。

2007年にTEACCHの創設者、エリック・ショプラーは亡くなりました。そして、その後ボストンの子どもの発達学会で追悼のシンポジウムが行われました。英国のマイケル・ラター先生を中心に、ミシガン大学のキャサリン・ロード先生、ノースカロライナのメジボフ先生、そして私の4人でシンポジウムをやりました。

マイケル・ラター先生がこのシンポジウムを「from Research to Practice, from Practice to Research」〔実証的な研究から実践へ、実践から研究へ〕と名付けました。研究的な事実に基づいた実践をやり、その実践を深めながら今度はまたその先のことを研究していくことを、ショプラー先生くらい見事にやった人は世界中どこにもいないのではないでしょうか。

世界中には、事実に基づかない実践をやっている人は非常に数多くいます。研究ばかりしている人も数多くいます。「実践と研究の間をこのように行き来した人は、ショプラー以外にいますか？」と

マイケル・ラター先生が呼びかけてまとめの講演をしました。十分に観察して特性をしっかり理解していく。想像や仮説に基づいた理論でなく、客観的・実証的な事実を大切にしているということです。

2) 親は共同の療育者である

　親を共同の療育者にして、対等な関係で協力して働く。対等とは、言うは易く実践は易しくありません。TEACCH は保護者と対等な関係をもって実践していきます。

　よく神の手をもった外科医とか、人道的に優れた臨床をやっている医師がいることが報道されます。しかし患者さんや患者さんの家族の人とその優れた医師は決して対等ではありません。言葉の使い方一つでも聞いてご覧になればおわかりかと思います。TEACCH の実践を見られて、みなさんは驚かれると思います。言葉の使い方から何からみんな対等です。保護者と対等な協力です。

　エリック・ショプラーはみんなからエリックと呼ばれています。何も呼び方だけが対等という意味じゃないですけれども、そのことをとても大切にしていました。私はショプラーの奥さんから TEACCH のスタッフの誰も知らなかったことを教えてもらいました。ショプラーはユダヤ系のドイツ人です。ナチの時代に第二次世界大戦直前からひどい迫害を受けて、近隣の誰かが突然どこかへ連れていかれていなくなるという時代でした。ショプラーのお父さんは高名な弁護士だったので非常に身の危険を感じて、ある日、闇夜に紛れて貨物船の船底に乗せてもらってニューヨークへ家族みんなで逃げてくるのです。そこからショプラーの苦労がある意味で始まったそうです。

　ショプラーはよく言いました。「一部の人が何の理由もなくスケープゴートにされる。そういうことがよくある」と。それはナチによってユダヤ人がされたのと同じです。それと同じようなことを自

閉症の子どもやその家族はされている。彼はそういうことを奥さんによく言っていたそうです。奥さんはツタンカーメンを発掘した高名な考古学者の娘さんで、英国のエリートです。その奥さんが、自閉症の人やその家族に向けて彼がどんな気持ちで接していたかの背景には、ナチの時代にユダヤ人であるということでいわれのない差別を受けたことがきっと根にあると言っていました。

　大変な苦難を受けたとショプラー自身も言っていました。初めて日本にセミナーのために来てくれた時に「日本へ来たのは初めてですか？」と尋ねると、「いや、厳密に言えば二度目だ」。「一度目は、オイルタンカーに乗って佐世保の港に来た」と言っていました。それは大学院の学生時代のアルバイトです。お金を稼ぐために一時休学してはオイルタンカーに乗ったり、タクシードライバーを含めてありとあらゆる仕事をしたと彼はよく言っていました。そういう苦学生だったのですね。大学院に行って自閉症の人に関心をもって研究に取りかかるわけです。

3）自閉症のまま、幸福に生きる

　TEACCHはどういうことを基本的に目指すか。もっとも大切にする理念は、「自閉症の人は自閉症のまま幸福に生きることができるように」、これがもっとも基本的な、原則的な理念です。自閉症の人が自閉症のまま幸福に生きていけるような環境を作るということです。学習環境、生活環境、働く環境、余暇を楽しむ環境を作る。これに専念するわけです。構造化とはそれです。自閉症のまま適応できるように環境を作ることを構造化〔Structures Teaching〕と言います。

　目の不自由な人のために点字ブロックを打つことは、目が不自由なまま、少しでも安定した適応を環境に対してできるようにする一つの方策でしょう。それを次から次へ、できる範囲内で考えてやっ

ていく。自閉症を治すのではないのです。目の不自由な人に目が見えるように何か治療を試みるということではないのです。自閉症そのものを治してしまうとか、なくしてしまうような方法があれば、それはいいだろうと思います。だけど、そんな手がまったくないのにそんなことをするというのは、自閉症に対する一種の冒涜だろうと彼らは言いました。ショプラーは特にそういう気持ちが強かったと思います。自閉症の人が自閉症のまま幸福に生きていくこと、学習していくこと、生活していくこと、余暇を楽しむことができるように、こちらが努力するのです。自閉症の人に大きな努力をさせるのではないのです。

　これにどんなに深い意味があったかということを、近年になればなるほど教えられます。非常に激しい不幸な不適応状態、強度行動障害を含めて不適応状態にいる人は、自閉症を治されようとされた人ばかりじゃないですか。自閉症でない人にしようと、させられた人ばかり。例えば普通学級に入れて、みんなと同じような行動が、あるいは学習ができるようにとさせられますが、できるはずがないです。みんなより優れている面がいっぱいある代わりに、みんなのように絶対ならないところがあるわけです。しかも優れたところを伸ばしてあげようという発想よりも、劣っているところを修正しようとされすぎた人。二次障害のすべての人はそういう状態から生まれるのでしょう。自閉症の人を少しでも自閉症じゃない人に近づけようとか、自閉症をなくそうとかと、この人たちに努力を強いるわけです。その裏にどんなに愛情があっても、自閉症の人にしてみればとんでもない、思い違いの愛情だったのです。

　これがTEACCHから教えられた一番大きな力だと思います。宝だと思っています。自閉症のまま幸福に生きていくことができるような学校教室や教育の方法、生活の環境、そういうものがどうしてできないんだろう、と。彼らはよくこういうことを言いました。自

閉症のまま買い物に行ける、自閉症のまま美容院や床屋さんに行けるように、美容院や床屋さんの協力を求めればいいわけでしょう、と。TEACCH はそういう努力をするわけです。

　自閉症の人に何にも努力をさせないとは言っていません。でも決して無理をさせない。精一杯やればできるということより、一歩二歩、楽なこと、軽いことに集中して楽しく学ぶとか、楽しく努力するということが、結局はこの人たちが優れた安定した能力を発揮しながら生きていくことになるわけです。

　精一杯の努力なんかさせちゃいけない。そのうちにだんだんいろんなことがわかってきました。チャールズ・ハートさんが、自閉症の人のもっとも困難な特性は物事を忘れることができない、そういう障害です、と言いました。アメリカ自閉症協会の理事で、ハーバード大学の方です。自閉症の息子さんをもっていらっしゃる。日本にも講演に来られました。日本に講演に来られて三か所ぐらいで講演されて、その記録が日本自閉症協会で編集されています。

　四日市で講演があった時に、講演の後にどなたかがチャールズ・ハートさんに「TEACCH の限界について説明してほしい」と質問されました。しかし、彼は、限界ということについては一言も触れないで「TEACCH は私たちアメリカが誇るべき、世界に誇るべき優れた自閉症の実践と研究のセンターです」とだけ答えていらっしゃる。どこにどのような限界があるのかどうか、今後、TEACCH が何をどのようにやっていくのか、そういうプロセスの流れによってわかるでしょうという意味かもしれません。

　そのチャールズ・ハートさんが、自閉症の特性は一言で言うなら、物事を忘れることができないという障害だと言われる。傷つけられたら消えませんという意味でしょう。無理強いをして何かを得ても、実際は失うことの方が多い。得たものより無理強いされたことの中で傷ついた部分は消えないわけです。ちょっとしたきっかけ

でフラッシュバックをします。これがどんなに大変なことかは、私の家族がやっている「ぶどうの木」の掲示板にも書かれています。フラッシュバックって逃れられないんです。ささいなことを契機に、10年も20年も前のあの苦しかった、悲しかった、つらかったことがそのままよみがえってくるのです。私たちの感じ取るようなあの時の記憶なんていう、そんな安易なものじゃないみたいです。その渦中にまた再び連れ戻されるという感じだということをおっしゃっています。

　だから困難を乗り越えて何かを獲得する喜びというのは、ある意味では発達障害の人にはないと思います。私たちには困難を乗り越えてあることを獲得した喜びがあるのですよ。喜びのために困難が消えてくれるのです。発達障害の人の場合には簡単にそうならない。困難の方だけが残って、その後、ある達成感みたいな、私たちが普通に味わうようなことが消えてしまうみたいです。困難だけが残る。その困難が累積されるようにして大変不幸な二次障害を、大きくなればなるほど引き起こしてしまうのです。

　2008年、10人の仲間でノースカロライナへ行きました。発達障害、自閉症スペクトラムの人たちの中で引きこもっている人、不登校になってしまった人、それから不幸な犯罪を引き起こしてしまうような人がいたら、その人たちを反社会的と非社会的な状態から、どのようなプログラムで社会に、学校に再復帰させてあげるのかを解説してほしいと質問したのです。そういう若者たちの再復帰のTEACCHプログラムについて教えてほしいと思って、私たちは現地で二か所の専門家に尋ねました。

　すると、どちらのところでも、「そういう人はいないと思いますけど」と答えられるのです。自閉症で不登校になった子が1人もいない？と仲間の誰かが聞き直しました。すると、やっぱり「いないと思う」との返答でした。「犯罪を犯してしまったような人は1人

もいない。少なくともTEACCHプログラムの中にいる人たちの中でそういう人は聞いたことありませんし、見たことありません」。同じことを2か所で明言され、みんなにとって、いい意味でショックでした。

4) 個別的な配慮を原則とする

個別的な配慮を原則とします。一人ひとり個別化された教育をします。そして社会適応を目指していくのです。社会適応を目指す場合には、社会の側が自閉症に合った適応をしていくという視点をしっかり社会の側に担ってもらうように、TEACCHのスタッフは活動します。これがとても重要です。一人ひとりを大切にしていきます。

学校でも、自閉症の人はIQに合わせて教育しては駄目です。IQが正常だから、あるいは平均以上だから普通学級の教育でいいなんて、とんでもない間違いです。こういうことをしていると、不登校になったり、とても不幸な二次障害を起こしたりします。IQに合わせるのではなくて自閉症に合わせてください。

2009年、京都でコラボレーションセミナーがあった時にTEACCHセンター長が来て、「自分たちはIQに合わせるような教育はしない。自閉症の特性や障害に合わせて教育をするんです」と繰り返し言っていました。

5) 構造化された指導や支援を重視する

構造化された指導や支援 [Structured Teaching] をとても重視します。彼らは視覚的な機能に優れているわけです。だから、いろんなものを目で見て、視覚的によくわかるように学習環境や生活環境や職場環境を作り替えていくわけです。物理的構造化、ここは何をする場所かを一目でわかるようにします。一つの場所を多目的に使うと混

乱する生徒がいれば、その生徒にとっては一つの場所を一つの活動に限定してあげる。一つの場所を多目的に使っても混乱しないようになったら、一つの場所を多目的に使ってあげればいい。ここは何をするところ、あそこは何をするところと絶えず視覚的で物理的な構造化のアイデアを変えていきます。
　北海道教育大学函館校の付属特別支援学校は、それぞれの場所でそれぞれの活動をするほどスペースがふんだんにはない。だから勉強机の上で食事をしなければいけない。TEACCHのアイデアを活かすにはどういうふうにするかというと、目で見てわかるようにしてあげる。テーブルにランチョンマットを敷いてあげたら、勉強机が食卓になるんです。それがはがされたら、それは勉強机になる。視覚的構造化の一つの応用例です。
　そんなことをしなくても混乱しない生徒がいてもしてあげる。してあげることが何も邪魔にはならない。してもらわないと混乱する生徒がいたら、そうしてあげる。TEACCHのアイデアです。しなくてもいいことをしてもらうのが苦痛であれば話は別ですが、そんなことはないわけです。
　視覚的構造化の中には、時間、タイムテーブルを視覚的構造化して示してあげることもあります。絵カード、文字カード、写真カードを組み合わせて、どういう活動や課題、今日の学習がどういう順番でどのように進んでいって、どこで終わって今は何をしているか。時間の構造化です。視覚的に時間を構造化してあげる。これは私たちもみなさんも手帳をもっていたり、ノートを書いたりいろんなことをして使っていることです。視覚的に時間の構造化をやっています。これを自閉症の生徒一人ずつに合わせた特別な方法でしてあげなかったら伝わらない。伝わる人には特別な方法はいらない。伝わらない人がいたら、その人のためにそうしてあげることが大切です。

スケジュールの構造化、時間の構造化、場所の構造化を視覚的・物理的構造化といいます。次に学習課題の構造化があります。これは、ワークシステムとかスタディーシステムといいます。どのような教材を使って、どのような手順で作業や学習を進めていくかということを目で見てわかるように絵を使ったり、写真を使ったり、実物を使ったりして、本人の目の前に置いてあげるわけです。目で見てわかるように、教材を含めて、いつも工夫して与えてあげるという視覚的構造化を行います。

6) 氷山モデルについて

氷山モデルという言葉を TEACCH ではよく使いますが、いろんな問題が私たちには目に見えるわけです。しかし、目に見えているところは氷山の上の部分で水面上の問題であり、その目に見える部分は水面下にある諸々のことによって引き起こされています。だから、水面下にあるものをちゃんと理解することが大切です。さらに弱点をとにかく受け入れる、それを安易に無理に直そうとしない、長所を伸ばすということです。長所を伸ばすことによって、弱点が本人にとっても周りの人にとっても気にならないように収まっていく。これは本当だろうと思います。私たちもみなさんも、自分の能力の一部を使って日々の生活をしているのです。それでいいのです。発達障害の人はその点がより強調されないと、いろんな点で苦しんで不適応を起こします。弱点を直すことより、優れた面を伸ばすのです。

7) ジェネラリスト・モデル

ジェネラリストモデルと TEACCH ではよく言います。スペシャリストを超えたジェネラリスト。TEACCH のスタッフもいろんなスペシャリストの集まりです。医者、サイコロジスト、言語聴覚士

〔ST〕、作業療法士〔OT〕、理学療法士〔PT〕、教師〔スクールティーチャー〕もソーシャルワーカーもいます。さまざまな人がいます。その人たちにとって自閉症全般に精通するような力を身に付けてもらうための特別トレーニングをします。そのトレーニングによって広く、できれば深く自閉症に精通した人になってもらうためです。学校の先生とソーシャルワーカー、スクールコンサルタント、そういう人たちがみんな共通のトレーニングを受けていますから、TEACCHでは話が非常に通じやすいし、担任が代わっても生徒はまったく混乱しないですみます。ジェネラリストモデルのすごいところです。

　最初に会った時からショプラーはこう言っていました。「スペシャリストが多く集まり、優れたライフログに合わせて、障害に合わせて優れた指導をしている、支援をしているというモデルを見たことがない」と。なるほどと思いました。その人たちがジェネラリストモデルに改変をされて、トレーニングを受け直して、要するに再教育を受けて、そしていいチームワークが組めていくようになる。ですから担任が代わったり、卒業して職場に行ったり、どこそこに行ったりしても、そこで混乱することはないのです。共通したトレーニングを受けたスタッフが、ちょっとした引き継ぎで伝わっていくわけです。

　日本の学校では担任が代わって大混乱を起こすという生徒は、珍しくありません。むしろ多いのではないでしょうか。どんな引き継ぎをされるのですかということをある先生に聞いたのです。そうしたら「自分の考えでやりますから、変なことを引き継いでもらわない方がいいんです」と言われた先生がおられました。ひどいですよね。医学の領域だったらどうでしょう。主治医がいろんな理由で交代しなければいけないときに、それまでに検査をしたり治療をしてきたことを、何も引き継がないで「自分の考えでやりますから教えてもらわない方がいい」なんていう医者はまずいないでしょう。懇

切丁寧に入念な引き継ぎを、困難な病気であればあるほどするでしょう。しっかりなさる人もいるかもしれませんが、学校の先生はしない人もたくさんいます。びっくりします。ジェネラリストモデルとしてのトレーニングがそこにはありません。

8) 生涯にわたって支援をする

 TEACCH は必要ならば、あるいは求められれば、生涯に渡って支援をします。そして、その支援の中に学校教育を終わった後どこに住むか、どんな仕事をするか、どのような余暇活動を楽しむかという、この三点セットはしっかり視野に入れてサポートしていきます。どこに住むかでは日本と実情は違うと思います。日本のお母さん、お父さんは自分が元気なうちは、自分が面倒を見たいとおっしゃいます。アメリカ的な発想では、20 歳までこの子を育てたら、もう親は発達障害であろうがなかろうが、子どもの面倒は見なくてもいいんじゃないかという文化があります。しかし、20 歳過ぎたらすぐに手放してしまうようなことは、さすがになさらず、学校教育(18 歳まで義務教育)が終わる頃から、この子は将来どこに住んでというようなことを TEACCH のスタッフと話し合いを始めます。例えば、何年後ぐらいにグループホームに移りましょうかとか。

 能力の高い人の場合では、グループホームから自立アパートへ移っていかれます。最初は専門家のいるグループホームで、それから、やはり専門家のいる自立アパート。みんな自閉症の人ばかりが生活しているアパートです。自立アパートに移ってさらに能力が深まった場合には、高機能やアスペルガーといわれる人ですが、彼らの言葉で言うと「Individual Placement〔インディビジュアル・プレイスメント〕」、私たちがごく普通にアパートやマンションに住むような形の生活に変わっていきます。

 もう 10 年も前の話ですが、最初グループホームを見学して、そ

の後に自立アパート、「Independent Apartment〔インディペンデント・アパートメント〕」を紹介されて行ったのです。何も違ったように見えないのです。自閉症の人が数人で、やっぱりアパートに住んでいます。「グループホームとどう違いますか？」と聞いたら、「よく見てくださいよ」と言われました。バスルーム、トイレット、それからダイニングキッチンが１人ずつにあるのです。アパートですから。「そうかー！」と思いました。グループホームは一か所に大きめのそういうものがあって共同して使う。アパートになるとみんな個人のものになります。トイレットもバスルームも自分で掃除や管理をしなくちゃいけないから大変です。システムキッチンも自分なりにきちっと整えられて生活していますから、それを活用しながら自分で自分の食事を作ったりするわけです。

　グループホームのときには、そこのスタッフと一緒に協力して当番が作ります。考えてみると、私は彼らの自立アパートレベルの自立度に至っていないかもしれません。

　このように自閉症の人は、最初は自宅からグループホームに移り、それからアパートに移って、そして完全にインディビジュアル・プレイスメント、日本でいうところのマンションに住んでいくわけです。段階が上がるたびに「元の生活の時が楽だったでしょう。家庭にいる時が一番楽だったでしょう。アパートへ来たら今度は当番があって何があって。自立アパートに移ったら、今度は食事の用意から何からみんな自分でしなくちゃならなくて大変でしょう」と聞いてみても、元に戻りたいという人は誰もいませんでした。発達障害の人はいろいろなトレーニングを受ける、あるいは教育を受ける、指導を受ける。そして、それらができるようになればなるほど自立的な生活を好みます。

　私たちはできれば誰かに寄りかかりながら生活する方が楽で好きだという面があります。私たちの方がある意味では自立への意欲が

乏しいです。もちろん個人差はあります。

　そういう意味で、元の生活の方に戻りたいと言った人は誰もいない。「結婚したいですか？」ということを、一番高いレベルに来た人たち、あるいは自立アパートぐらいに来た人たちに聞いたりしました。私の聞いた限りでは、結婚したいという人と、したくないという人と二通りありました。半々ぐらいでした。結婚をしたくないという人の中には、きっといろんな意味で自分の生活を干渉や妨害されたくないと思われている方もおられると思います。あまりしつこく聞くのは失礼だと思って、問い詰めるような質問をすることは差し控えたのですが、高機能自閉症の人で結婚したいという人も半分ぐらいいらっしゃいました。

　自閉症の人に合わせて環境を作るところがTEACCHのもっとも基本です。私たちの生活に合わせさせるというのは、それは結果としてやりますけれども、こちらから相手に合わせるという姿勢の方がはるかに強いんです。その時にこの人たちのもっている視覚的な能力が強いことを中心に、視覚的そして物理的な構造化をしてあげます。視覚的構造化には環境の物理的構造化があり、時間の構造化、スケジュール、タイムテーブル、学習活動、就労活動、生活活動などがあり、その人の必要度に応じて構造化を行います。そして安定した生活ができて、だんだん発展していかれて、ついには私たち日本人的な感覚でいうところのマンションで自立生活をしっかりされるというレベルに到達されます。そんな人に私は何人も出会ってきました。

　われわれが環境を整えながら、この人たちに適応していってもらうということの方が、自閉症スペクトラムの人は発展していきますし、向上していかれます。われわれの生活に合わせさせようとする方が、私の経験では、つぶれていかれます。大学を卒業、あるいは大学院を修了されたにもかかわらず、なぜこんな不幸な状態になり

続けているのかと思ってしまう人にもたくさんお会いするのです。せっかく高い能力をもって生まれてきたのに、私たちの幼少期、学齢期、それから高等教育がうまく連動していません。では、どういう方法でどのように私たちは彼らに寄り添っていけばよかったかということをいろいろ考えさせられます。どうぞみなさんも一緒にお考えいただければと思います。

第 3 講

私は自閉性障碍の子どもたちとどうかかわってきたか

山 中 康 裕

The 3rd Lecture

　私が今回のテーマで講演することになるとは予想もしていませんでした。というのは、40年前の私がまだ現役の頃、自閉症の子どもたちとかかわっており、その経験をもとにした自閉症論を、33年前に東京大学出版会から出版した『分裂病の精神病理第5巻』〔笠原嘉編、1976〕に書いた論文〔「早期幼児自閉症の分裂病論およびその治療論への試み」p.147-192〕そのものです。それを発掘してくださって、今、みなさん方にお示しすることができるのはとても嬉しいです。

　最近は、学会や研修会で、「発達障害」という用語をよく使うようですが、私は使用しません。ですから、「自閉性障碍の子どもたちとどうかかわってきたか」というタイトルにしました。昨今この種の子どもたちを表記する名前が変わりました。統合失調症という名前も変わりましたが、その変更自体は私は悪くないと思っています。精神分裂病と言われると、ほんとうに何かそれだけで、その診断を受けた本人はもちろんのこと、家族も一族郎党、「えっ、うちから分裂病が出た」ということで、何かものすごく悪い遺伝子が付いたような印象をもたれるようなすごい言葉でしたから、統合失調症というある意味でわけのわからない用語になってよかったと思っています〔註：以下は当時の診断名である精神分裂病ないし分裂病とする〕。また、自閉性障碍に「碍」の字を使用していますが、私はこの字しか使っていません。害を与えるような字は使いたくないですよね。彼らは害を与える人ではありませんし、むしろ、害を受けている人ですから。それから、発達障碍のうち、特に重症度の高いものを英語でpervasive developmental disordersと言い、広汎性発達障害と

訳されていますが、何のことやらさっぱりわからないでしょう。しかし、私はそうした名前だけを変える態度をよしとしませんので、私は以前と同じ自閉症ないしは自閉性障碍という呼称でお話しさせていただくことにしました。

私の自閉症治療の歴史

　私の自閉症治療の歴史を簡単に述べますと、私は1966年に医学部を卒業しました。当時はまだインターン制度があり、インターン闘争をやったのは私たちの世代です。そして、1967年に医師免許を取り、1971年に大学院を卒業して、名古屋市立大学医学部の助手になりました。同時に、その頃から福井県の児童相談所で行われる、自閉症の子どもたちを対象とした3泊4日ないしは2泊3日の合宿治療に、25年間、一番多いときで年5回、少ないときでも年2回、出掛けました。ですから、その合宿治療で子どもたちと出会ったことが非常に大きな体験でした。そして、1980年に京都大学の河合隼雄先生に呼ばれて、京大に移ってからの30年が私の心理臨床経験のすべてです。

私の自閉症治療論

　今日、これから述べようとする私の自閉症治療論というのは、みなさんはほとんど知らないと思います。なぜかと言うと、分裂病とも書いてあるからです。分裂病と書いてあるだけで、まず今だった

ら二の足を踏むでしょう。ところが当時、精神医学界で精神病理を扱う人たちは、みんな分裂病の解明に必死に取り組んでいました。『分裂病の精神病理』の第1巻は土居健郎先生が主宰され、第2巻が宮本忠雄、第3巻が木村敏、第4巻が荻野恒一、第5巻が笠原嘉の各先生で、その第5巻に私は「早期幼児自閉症の分裂病論およびその治療論への試み」という論文を執筆しました。

　分裂病というのは、やはりどこへ立脚しているかということを明確にしないと何のことやらわからないので、私は木村敏の分裂病論に立脚していました。木村敏の分裂病論は、ものすごくユニークで、実は名前が分裂病論だから分裂病に立脚しているとみなさん思うでしょう。しかし、例えば100人が分裂病を診断したとしましょう。そのうち、97人は木村敏の診断した分裂病を分裂病とは言わないです。おそらく現代でいったらボーダーラインといわれる一群です。しかし、木村敏が言っているのは、もっと正確に言うと、ドイツの精神病理学者でブランケンブルクが書いた女の子の症例、アンネ・ラウに一番近いケースです。それが木村敏の言う分裂病です。寡症状性精神病のことです。その存在の在り方が、本質的に自己の未成立を基本としているものです。

　今日のテーマに通じる話にもっていきますと、われわれのこの領域で一番早い論文はカナーによるものです。先日、石川元君が、カナーが最初でなくてアスペルガーが最初だったということをある本に書いていて、私もそれはあり得るかなと思いました。私はアスペルガー自身に1970年代後半頃に会ったことがありますが、その時には、そのような話は出ませんでした。いずれにせよ、1943年にカナーが早期幼児自閉症 [early infantile autism：EIA] の論文を、その翌年の1944年にアスペルガーが自閉性精神病質 [autistischen Psychopathen] の論文を出しています。今だと、この1年の差は歴然としているのですが、当時は歴然も何もあったものじゃない時代です。要するに

第二次世界大戦中で、お互いに相手の論文が読める状態にありません。読もうとしても、3か月たってやっと届くのですが、当然お互いに敵国のものは届きません。カナーはアメリカで、アスペルガーはオーストリアです。とくにドイツ・オーストリアという枢軸国の論文ですので、お互いの論文は絶対に読んでいないと明確に言えます。今だったら、インターネットで検索したら読むことができるので、読んでいないという方がおかしいわけになりますが…。

自閉の本質：他者との距離

カナーは自閉の本質ということを「人生早期からの極端な自閉的孤立」にあると書いています。ブロイラーは「自閉」、Autismus というドイツ語で新語をつくりました。これは Aut、自分という意味と、erotism をくっつけた Auterotism の短縮形です。エロティスムスのエロスは性欲と訳すと、ほとんどの人は「えっ」と思われるかもしれません。実はフロイトが性欲と言ったものはユングでは精神力のことですから、要するに自分の心の中の精神力を自分だけに向けるという意味でつくられた言葉です。四つのA〔アー：ドイツ語〕、Autismus 自 閉、Assoziationslockerung 連 合 弛 緩、Affektstörung 感情鈍麻、Ambivalenz 両価性がそろったものを、ブロイラーは Schizophrenie の名前を付けましたが、カナーはそのうちの自閉だけを取り上げてきたのです。マーラーは、フロイトに少し近い考え方で、「個性喪失の危機的脅威に対する防衛反応」として、自閉という事態を書いており、当時の私は、「これが自閉の本質かもしれない」と思いました。

ところで、私が京都大学に呼ばれて一番残念だったことは、私がその後、25年間使った研究室に3か月前までベッテルハイムがいて、ほんの一寸のズレで直接会えなかったということです。ベッテルハイムは、自閉について「世界に対する根源的無力感──他人に

対する絶望——によって世界から逃避した姿」と書いていました。一方、ラターは、「言語ならびに認知の欠陥が自閉症の一次的障碍を構成し、社会的ならびに行動異常は二次的結果として生ずる」と主張しました。要するに、ここから言語認知障碍説という彼の論が展開されていくことになります。また、京都大学の医学部でもっとも優秀だった一人である小澤勲は、「観察者の期待からのズレ、これが自閉と言われるものに過ぎなくて、それは社会的状況の構造との関数にある」ということを書いています。これは当時の自閉症論ではもっとも鮮烈な、もっとも新しい論だといわれていたものです。

そこで、私が当時〔1976年〕、ラターや小澤の論に異論を唱えたわけです。果たして自閉というのは、言語の二次障碍や、社会や観察者の都合で出てきたり消えたりするものなのかどうか。私にはそうは思えなかった。そこから私の論が始まります。それは、子どもの抱えている根源的な事態を言っているのだけれど、そういう言い方をしてしまうと、見間違えてしまう。私は、自分というものが成立するところに他者が成立してしまうという事態を、自閉症の本質だと考えているわけです。これは木村敏の言う分裂病論であり、一番大事なところです。いわば「自己の未成立」の事態、自分というのがまだ成立していないことを辛うじて守る。これは後にウィニコットの言葉として「偽の自己」と日本語に訳されているもので、当時はそんな言葉もありませんでしたので、私は「かりそめの自己」という言い方をし、それの示す防衛反応が自閉という事態を構成していると考えていました。

そして、それは大人の分裂病の示すもの、リュムケという、もう一世紀半前の学者がPraecoxguvoelというオランダ語で示したものに相当すると私は当時考えていました。それは、「他者との距離」のとり方に関わるだろうと。ついでに申しますと、中井久夫先生は、これまで日本で理解されていたこの「プレコックス感」は修正

第3講　私は自閉性障碍の子どもたちとどうかかわってきたか

を必要とすることを指摘しています。私が精神科医となった時に、この訳語を「分裂病くささ」とされていましたが、リュムケは全然そんなことを書いていません。リュムケは、分裂病の患者さんがわれわれの前に座られると、その瞬間から、私たちは治療者である自分の方が何か不思議な感じになってきて、自分のことが相手に、患者さんに見透かされているような不思議な感覚に襲われるということを書いています。そこで、患者さんが座っただけでそういう感覚に襲われることから、その人は分裂病だと診断するので、「分裂病くささ」と訳されました。

　とにかくそれは、私の当時の感覚では、フロム＝ライヒマンの論文による、fear of closeness という、他の人が近づいて来るだけでも怖くなるという特性です。自閉性の障碍をもった子どもたちの半分はそんなところがあります。また、もう半分は全然無関係で、人間がいようといまいと人間がいないことにしてしまう心性で、実はこれは同じことなのですが、「近接恐怖」と訳しました。また、ドイツの精神病理学者のマトウセックは、Zunahekommenphobia という言葉を使っています。Zunahekommnen というのは近過ぎるという意味です。人間には適切な距離があるわけですが、その適切な距離をちょっと外して入ってくると自分が侵入されてしまい、自分が席巻されてしまう、自分が奪われてしまう、自分が駄目になってしまうというように感ずる、ひとへの怖れのことです。私はこの二つは非常に近いものだと思いました。

　私自身がクライエントである子どもたちと遊んでいて、パッと不用意に子どもに近づいたら、サッと逃げるか、ガッとかみつくか、どちらかです。攻撃的な子はかみつくし、そうでない子はほとんど自分が回避して逃げてしまうという構図を取る。つまり「近さ」への恐怖です。それを、私は適切な距離を1とすると〔Distanz：D=1〕、この距離がとれていれば、お互いに相手の攻撃も受けなければ、自

分の方もいつでも逃げられるし、守られるという距離で、その1という距離がとれなくてとても困っている状態の子どもたちであると見ました。
　私は彼らの治療では、ほとんど世間でいわれることを全く信じていません。私の理論はすべて私独自の治療実践からで、しばらく彼らの治療をしていこうとすると、パッと彼らは私の背後に回り、私の目、視線が怖いのだというふうに理解しました。カナーは視線を合わさないと書いていますが、あれは間違いです。必ず視線を合わせているのですが、合わせた途端に逃げてしまいます。それは怖いからで、合わさないのではない。ただ、人が普通に目を見ようとしたときには、もう回避しているので、カナーはそのことに気付かなかったということです。
　つまり、人間の視覚走査は、普通に人を見るときは水平に見ており、これはやばいという怖れを感じたら、パッと視線をそらすわけです。ところが、彼らは水平の視覚走査をしたら絶対やばいのがわかっているので、斜めの視覚走査で行うわけです。そうすると、一か所しか合わないので、一瞬しか合いません。これは京都大学に視線や眼球の動きを専門とする視覚心理学の先生〔百名盛之教授〕がおられて、250msec以下で、私との共同研究〔残念ながら、百名先生は亡くなり、未発表〕で、もう既に目を回避させており、結果だけ見れば、視線を合わさないことになるということがわかっております。彼らは、そのくらい敏感にわれわれの視線に対して距離をとっており、後ろから来るようになります。これは、まず視界から消えているということと、後ろだったら、こちらの方からの不測要素を予測でき、しばらく2週目、3週目、4週目と一緒にいるうちに、バタッと後ろにくっついてきます。それが、距離が「零」の状態〔D=0〕です。要するに初めが「無限大」〔D=∞〕という合わない距離の意味で、この合わない状態から「零」を通して1まで行くのが自閉症のセラピーだと、

私は見ました。〔D＝∞→0→1〕

ところで、当時の分裂病論で一番鮮烈な論文は、東京大学の分院におられた安永浩先生のファントム理論です。これはものすごく優秀な論文で、私は本当に感心しました。分裂病の方々が示す症状を、ほとんど数学的に理論的にとらえて、彼の言う「欠陥順応」効果および「全体態度」効果、このどちらかに当てはまると私は考えています。そして、私たちの何気ない接近も、クライエント、子どもたちにとっては、「とても強い恐怖体験」になるのだと考えました。

同一態維持：外なる自己

カナーが書いた最初の論文は四つのことが中心となっていました。そのうちの、一つは今言った視線の問題と距離の問題です。もう一つが、「同一性維持への強迫的欲求 an anxiously obsessive desire for the maintenance of sameness」です。私は訳文では意味がわからなかったので、原文を読んでみると、確かに obsessive desire〔強迫的欲求〕、sameness〔同一態もしくは同一性〕と書いてあり、私はまったく混乱しました。なぜかと言うと、彼らはまだ「自己の同一性 identity」がもてていないのに、どうして「同一性維持」が症状の名前として選ばれるのか、私には理解できませんでした。彼らは「自己」が成立してない、つまり"わたし"がどこにもいないのだから、"わたし"なんか使うわけがありません。

ですから、私は「同一性維持」という訳は二重に間違っていると思います。その一つは、まだ同一性がないのに同一性を維持するという間違いと、それは同一性ではなく、外側の状態を同じ状態に保っておきたいという欲求の間違いなのです。

わかりやすく考えてみます。例えば彼らが私の部屋に入ってきて、机の上にAという本がこういうふうに置いてあり、Bという本が裏向きに置いてあり、Cという本が斜めに置いてあったとしま

す。二回目に見たときに、もし違う配置に動かしていたら、彼らはサッと元に戻し、一回目に見たときと同じ状態にするということです。あるいは、私が勤めていた病院は、60人ほどの入院患者さんの名札が壁に張ってあり、外出や外泊している人の名札は、黒い名札を裏向けて赤い名札に替えてありました。そして、私が彼らを診察したときに最初に見たのと同じでないと、彼らには一目でわかり、違う配置にしても、元に戻してしまったりします。

　要するに「同一態維持への強迫的欲求」というのは、同一状態が維持されるように望んでいるということです。ですから、夏に着ていた服と、冬でも同じ服を着るという、いつでも同じ服装の子どもがいます。はじめのうちはお母さんが無頓着で、子どもの服装を季節の変化によって微妙に替えてあげようとしないのだと勝手に思っていましたが、違いました。それはすぐにわかったことですが、お母さんにそれを指摘すると、「そうです。私が、秋になった途端にズボンを替えるように言ったのですが、全然着てくれないのです。これが気に入ったみたいで、この線が1本入った赤いベストしか着ないのですよ」とお母さんがおっしゃるのです。それで、いつでも同じ服を着るので、ぼろぼろになってしまい、また、同じものを買いにいくという繰り返しだそうです。そこで、彼らが同一状態であることを願うのは、自分の心の中が一つでもずれたら全部ずれてしまうからだろうと考えました。つまり、自己が外界にばらばらに散逸している状態であり、だから、頑なに同じ状態にあることを望んでいるのだというふうに考えました。

　これは、ベッテルハイムが、ピアジェの「ものの恒常性の一つの概念として学び取る感覚運動発達の最後の段階を、本当にはマスターしていない」と書いているのと、軌を一にすると思います。ピアジェの発達論でいえば、感覚運動発達の段階に籠もっており、それより一歩も出ていないので同一態が起こると考えた方がわかりや

すいとしており、私も賛成です。
　また、私は、自閉症児というのは、ものの持続性を素直に信ずる自然な自明性を完全に喪失している状態で、そのよりどころとなる自分が、未だ成立していないからだと考えました。また、安定した基盤を欠いて、外界の位置に関して状態が変わらないものにしがみつくのは、前と同じものは安定しており、自分を支持してくれるものという認識があり、変わっているものは自分を無視しているものだから、自分の自我がそこで揺らいでしまう。だから、世界の変わらないものにしがみついて、やっとのことで自分のかりそめの「自己の同一性」を維持するという事態で、いわば自分というものは外に拡散している状態だと考えたわけです。

背後にあるもの、潜在するものへの関心

　私は当時、10人ほどの自閉といわれる子どもたちを診ていました。そして、そのような子どもたちを「背後にあるもの、潜在するものへの関心」というまとめ方をしました。いろんな子どもがおり、10人の子どものうちで、箱庭などというものができるのは2人だけでした。あとの子は箱庭なんかできなくて、例えば箱庭をやりだすと砂をザアッと、まず散らしてしまい、部屋中が砂まみれとなり、箱庭をやっているという感覚は彼にも私にもない状態になります。
　ところが、2人の子どもは、あの枠の守りが自分にとってピッタリなのか、箱庭をこよなく愛して作っていました。
　そのうちの1人がA君で、その子は地下埋設の電線ケーブル、あるいは、一番すごかったのが水道管でしたが、飽きずに毎週、作っていました。私の箱庭のところにそんなにたくさんの水道管のモデルになるものがありませんでした。そこで、プラモデルを作るときの緑色や銀色の余りのヒゴをたくさん集めておくと、それをA君は

丁寧に扱って作品を作っていました。彼によれば、緑のヒゴはちょっと太いので下水管、銀色の細いヒゴが浄水管、中ぐらいの太さのヒゴが雨水管です。何と、浄水管と下水管と雨水管を区別して箱庭を作るのですが、上から見ると何にも作られていないのです。なぜなら、上から見ると、砂だけだからです。ところが、彼が帰った後、掘ると全部埋設してあります。それで、例えば、川のところを作ると、ちゃんと3本の開口部があって、2本しか出ていないところの下水管は別のところにつないであるとか、非常に巧妙な所作をしていました。

　もう1人のB君は、海底の生き物、墓地の地下、地下工場など、地下の構造というものを徹底的に絵に描く子でした。私がまだ名古屋にいた当時に地下鉄の工事が始まり、その子は5歳でした。ある時、彼特有の言葉づかいを私が翻訳すると、「あんな、先生。東山公園と栄の中間ぐらいのとこだけど、そこから急に工事のやり方が違う。あれをやっていると事故が起こる」というようなことを言いました。そこで、ちょうど名古屋市の水道局に勤めている友人がいたので電話して確認すると、「土質が沖積層大地から急に変わる部分があり、下手に掘ると土砂崩れが起こるので、工法を変えると決めたばかり」というじゃありませんか。そういうことを自閉症の子がちゃんと見つけていたのです。

　彼らはそういう特殊能力があり、私は、そういう子どもたちと付き合うのが好きだったのです。ただし、そういう特殊能力は一部だけで、あとはほとんど、他の人たちから見ると邪魔者であって、邪魔ばかりし、問題だと見ているわけです。しかし、彼らはあることに関しては非常に正確な分析をしているということを、私は感じました。

　あるいは、言葉を変えて言うと、あの世、向こう側のことです。あの世と言うと、みなさん方は死んでからの向こうの世界としか思

わないでしょうが、違います。例えば、『千と千尋の神隠し』という映画では、トンネルを越えると異界だったという象徴的なシーンがそれです。あれは、川端康成が『雪国』で用いた手法で、トンネルを越えると向こうの世界、異界というものです。要するに向こうの世界というのは死者の世界ばかりというのは間違いで、非日常の世界です。本当は私の隣も向こうなのですが、それを書いたのがモーリス・センダックで、『まどのそとのそのまたむこう』〔わきあきこ訳、福音館書店〕という作品で、窓を出たらそのまま異界があるという。それを一番感じているのが彼らです。彼らはその異界とこちらの世界との結界がどこにあるのかが見えるのです。だから、それより外へは絶対出ない。出たら、もう本当に怖いからです。そういうことに非常にセンシティブな形としての異界が超越なのです。

　私の診ていた子どもで「葬式坊や」と名前が付いていた子がいました。なぜかと言うと、町内で葬式があったら、必ず学校を休んでお葬式に出て、いつの間にか焼香しているのです。言葉もしゃべらないし、学校も行かないし、学校に行っても成績は取れない。でも、その子が町内のすべてのお葬式を知っており、葬式の準備の仕方も全部知っているわけです。だから、今の大人でもほとんど葬式の仕方がわからず、順序を抜かしたり間違えたりするのだけど、彼は焼香のやり方もあなた二回しかしなかったでしょうと、もちろん言葉で話すのではないですけど、手でここは違っているとパッとやってみせたりします。そのときだけは、彼は対人関係をちゃんと取っているのですごいです。自分の世界と関係性をもてる部分に関しては、彼はすごく律儀であり、頑なに正直です。

　ですから、異界あるいは超越、だから神の世界ですが、そういうものへの関心が非常に優れている自閉症の子どもは、100人いたら10人くらいいます。お葬式とか神棚とかへの関心や、鳥居の前を通るときは絶対に最敬礼する子とか、必ずお寺の前で手を合わせる

子とか、宗派が違っても関係なくするなど、いろんな子がいます。

主客の逆転——自己の未成立

カナーは、「人称代名詞の固着 Pronominal fixation」ということを 1943 年の論文に書いていたのですが、1944 年の論文には、「人称代名詞は聞いたままを繰り返す Personal pronouns are repeated just as heard.」と記載し、さらに、8 年後の論文では、「人称代名詞の逆転 Pronominal reversal」と書き換えています。つまり、I を使うところで You を使い、ちょうど反対になっていて、例えば、「I want to drink a cup of coffee.」というときに、「You want to drink a cup of coffee.」というように言うわけです。それに加えて、イントネーションが全部一緒で、疑問文でも肯定文でも全部同じイントネーションでいくわけです。これを、ボッシュは、「他人への無関心、他人との区別のなさ、二極性の会話の無理解」と書いていました。それをベッテルハイムは、「自閉児が『私』という代名詞のない言語体系を組み立てるからだ」とも「『私』を使うまいとする必死の努力」とも書いています。

その「『私』を使うまいと必死で努力している」という言い方も確かにできないわけではありません。彼らにはまだ自分というのが成立していないのだから、必然的に『私』、Ich、I があるわけではないので、よって『私』が使えないのだと私は考えていました。

また、笠原嘉先生は、分裂病というのを「出立の失敗」、つまり世の中にしろ自分自身にしろ、出で立つ、自分自身が自分になって他者と 1 対 1 の対応をとろうとするところでつまずいた姿だ、という言い方をしています。私はそれをベースにして、自閉症の子どもはそのはるか以前に「人間に離反してしまった姿」ではないかと見ていました。

巣立つもの Nestfluchter

　当時は生物学や心理学の世界などでよく援用された論文で、アドルフ・ポルトマンが「巣立つもの Nestfluchter」と「巣に座っているもの Nesthocker」という意味のことを言った論文があります。
　それはどういうことかと言うと、今、NHK-BSなどで毎週放送している動物番組などで、例えば、馬が生まれて巣立とうとするときに、お母さんのお腹から生まれてしばらくすると立ち上がって、そしてもうパカパカと歩きだし、それにすごく感動します。それとは違って、人間の場合は、生まれてもすぐに言葉はしゃべらないし、約1年間、母のもとにいなければなりません。そんな子の中で、全く母になつかずときには噛み付くしと、非常に怖れられ、捨てられることもありました。それをたまたま狼の洞窟で見つけられた野生児がいたので、その教育をしたとされています。これがアベロンの野生児でした。
　しかし、ベッテルハイムが、「アベロンの野生児たちはおそらく自閉症だっただろう」と書いたように、私もそうだと思います。アベロンの野生児なるものはそもそも存在せず、要するに捨てられた子だと思います。そして、治療を施す前の自閉児のあたかも動物を思わせるような敏捷さは、人間であることからの離反の証だと私は見ています。
　ただし、ここで間違えないでください。ユングの『Das Rote Buch』、英語版は『The Red Book』、日本語版は『赤の書』で2010年に出版されたところですが、そこに、ほとんどの人間が動物のことを誤解しており、動物を馬鹿にしているが、動物の方が人間より優れている部分がある、とあります。その証拠に、自分たち（動物）自身は必要最小限にしか相手を殺さない、人間だけが自分と同種のものを必要以上に殺し、必要以上に食べ、必要以上にいろ

んなこと行う、と。動物はきちっと、おそらく、ユングの書き方はそういう書き方をしていませんでしたけれども、何か内的なルールに従って動物同士でお互いに守り合っている。だから、動物だからと蔑視される存在ではない。人間だけが恥じるべきだ、とありました。

　ポルトマンのいう本来の状態は、「巣立つもの」と、もう一つは「巣に座っているもの」です。「巣に座っているもの」というのは、なかなか巣立たないことです。要するに生まれて1年ぐらいでは、ちっとも歩けない存在、これがまさに人間です。そこで、ポルトマンは二つの発見をしています。鳥や馬は生まれてすぐ飛び立てるが、人間がたまたま飛び立てなくて、そのまま「巣に座っているもの」だったがゆえに、言葉というものと、人間が人間になる基礎、つまり愛着を学ぶ機会を得たのだというわけです。要するにポルトマンの説を正確に言うと、人間は20か月間、母親の子宮内にいなければならないのに、頭型と産道とが関係しており、産道に限界があるから十月十日で出てこなければならない。普通だったら20か月間、子宮内にいられれば「巣立つもの」と同じ状態で、生まれてきた途端に歩けるのに、歩かない状態で出てくる。だから、10か月間、母親のもとにいて、世界の関係性と自分との問題で、言葉とかいろんなものを覚えて人間になっていく。

　これを「巣に座っているもの Nesthocker」と言い、本来の人間の姿であるわけですが、実はそれを「巣立つもの Nestfluchter」のごとくに、動いているのが自閉症の子どもたちだと私は見たわけです。

ラター批判

　私は、ラターに会ったことがないし、ラターを別に大きく批判しなければならない理由はないのですが、あの当時の日本も世界もラターに一辺倒でした。ラターに従わなければ自閉症を診られないと

いうような論調だったので、ラターが1972年の論文で、自閉症と分裂病を鑑別していますが、それを、次の6項目にわたって検証しました。

1)「自閉症は分裂病などではない。なぜかというと男女比が圧倒的に違う。分裂病では男も女も同じ比率で発症するので、おそらく性差はないだろう。ところが、自閉症は、当時で男10に対して女1以下の発症率で、今は男10に対して女3ぐらいの発症率ですが、圧倒的に男の方が多い。これはもう既に性差という生物学的な基礎をなすものが全然違う。」

　当時、私は総計で30人ほどの自閉症を診ており、その私が見た限り、ほとんどの男の子は多動で目立つのです。だから、幼稚園へ行っても、なかなか幼稚園の中でうまく溶け込めないので、すぐ、この子は何か問題があるのではないかという形で連れられて来られます。ところが、女の子は半分以上が動けない、無動の子が多かったので自閉症と認識されない可能性があります。また、無動の子はむしろ精神遅滞と混同される可能性があり、当時、カナーが論文を書いた頃は、早期に死亡している可能性も非常に大きくて、結果として性差に非常に大きな落差ができた可能性があります。

　しかし、現在でも男性対女性の発症率が10対3か10対4ぐらいですので、性差はやっぱりあります。これは、性の問題が自閉という事態を生む一つの大事な要素になっている可能性があります。木村の分裂病論も、男性の病いだと述べています。それはお母さんとの関係性、お父さんとの関係性、周囲との関係性も全部見なければなりませんし、私は完全には論破していません。

2)「分裂病には家族歴が濃厚で、分裂病の家族には伯父さんや従兄弟も分裂病だというのが圧倒的に多い。けれども、自閉児にはそれ

をほとんど認めない。だから、全く遺伝とは思えない。」

　私は中核型、破瓜型の寡遺伝性というのは当たり前のことであって、要するに遺伝しているというのは、実は別の問題が交叉されているとしました。当時、一番面白かった理論なのですが、ある先生が学会でこう言われました。「あなたは遺伝をどう考えるか知らんが、床屋の息子が床屋になったら、床屋は遺伝したとあなたは言いますか?」と。これは非常に面白い言い方です。もちろんみんな遺伝なんかしたと思いません。環境のせいで、お父さんがやっているのを見よう見まねでやっているのが一番しやすいから、床屋になったと考える。そういうのと同じで、実際の分裂病の遺伝性は、0.4パーセントしかないのです。だから、たくさん遺伝するという言い方は間違いで、ものの捉え方の違いだと私は思っています。

3)「分裂病は経済的下層に発症するが、われわれが診ている自閉症は上層に発症している。社会の上層と下層で明らかに発症率が違うから、これは同じ疾患ではない。」

　私は違うと思いました。分裂病は全階層にあることは、現在ではもう自明の理です。どの階層にも分裂病は見られます。

　カナーの1943年の論文には、11例のケースが非常に克明に書かれていますが、論文をしっかり読むとわかるように、まず、カナーが病歴部分を書いたのではないことに気づかれるはずです。お父さんが学者や弁護士であるために、彼ら自身が非常に情報量の多い病歴などをものすごく正確に書いています。また、サンフランシスコから飛行機で連れてきたとか、ピッツバーグから汽車に乗って連れてきたとか書いてあります。そういうものすごい長距離にも関わらず、カナーを慕ってやって来られるのは上層に決まっています。

　ところが、現在、発達障碍をみられたらわかるように、おそらく上層、下層で発症率に違いがあるなんてこと、絶対に誰も認めない

と思います。

4)「分裂病には、幻覚や妄想があるが、自閉症には幻覚も妄想もない。」

　これは一見正しいように見えます。けれど、妄想とか幻覚とかの精神症状は、ヤスパースの定義から言っても、ある精神的発達が起こった上に出てくるものです。その発達が行われていないわけだから、妄想が発生するわけがありません。要するに症状というものは、その精神身体発達状態の上に発生するもので、例えば、コンラートは妄想発生性〔Wahnfähigkeit〕として、10代後半以降しか妄想は発生しないと言っています。それは、10代前半は、まだ妄想の発生するような精神状態にないからです。自閉症は、ほとんどが０歳から発症して、10歳代に明らかになってきますので、そういう事態が全く違うと見ました。その後、実はデスパートのように自閉症の子どもたちに幻覚が存在するものもあると言っていますし、妄想をもっている子どもも見つかってきました。

5)「自閉症の経過は非常に緩慢なのに、分裂病はしばしば波を繰り返して、いろいろとガタガタするようなことが起こる。」

　私は、それは治療しないからだと指摘しました。つまり、彼らはいろんなこと、とくに先ほどの近接の問題などで誰かが隣に来るとパニックに陥るわけですが、それを繰り返しているうちに、パニックに陥らなくても済むようにしていくのが、私は治療の道筋だと考えています。要するに分裂病でも、とくにブランケンブルクや木村敏が言っているのは寡症状型ですから症状はほとんどなく、妄想も幻覚もないので、そういうのとほとんど一緒である。また、分裂病も自閉症も治療を開始すれば、しばらくは、しばしばパニックなどを起こして激烈な事態を通ります。

6)「分裂病の慢性像に認知症を認めないのに、自閉症はしばしば知的低下を認める。」

　分裂病の慢性像に認知症を認めないというのは、私も確かに正しいと思います。精神病院に40年いても、今、一番しっかりしておりボケないのは、元分裂病といわれた人たちです。それが分裂病の人たちの非常に不思議なところです。また、認知症になった人たちには、むしろ認知症になる前は過剰適応していた人たちが多いです。それは、また別の問題ですが……。当時、私は、言葉を獲得する以前に自閉症を発症しているために、しばしばそういうこともあるだろうが、適切な治療があればさほどではないと指摘しました。

　事実、私が診てきた200例ほどの自閉症の子どもたちで、結婚したのが何ケースかあります。ただし、まだ残されている問題は子どもの生まれないことです。結婚しても、子どもがなかなか生まれない事態をどうクリアできるかが、私のテーマだと思っています。また、結婚した子もいますし、大学に行った子もいますし、大学を辞めて実業界に入った子もいます。ただし、いまだに病院にいる人もいます。

　カナーは28年後に予後に関する論文を書いています。要はあまり予後のよくない、いまだに病院にいる者、もう死亡してしまった者、コンタクトが取れなくなり不明になった者などがたくさんある。そんな中で適応したのはわずかに3例で、カナーの場合、最初の11例と2年後に書いたケースを合わせ20例とし、その20例全部の予後を書いています。

　しかし、私に言わせると、こういう言葉を使っていいかどうかわかりませんが、あれは治療をまったくしない結果としての自然予後だと言えます。しかし、治療をしなければ駄目で、治療をしてどうなったかということを言うのが予後だと、私は考えています。従って、ラターの述べる鑑別は意味をなさないことを、私は証明したつ

もりでした。

　自閉症は、「自閉」という事態、「同一態維持」、「背後への関心」、「主客の逆転」という四つの基本症状がある人たちで、木村敏の分裂病論は、「原発的自閉」、「無媒体的妄想的自覚」、「自然な自明性の喪失」、「自他の逆対応」がある。この四つが非常に呼応しているので、私は、木村敏に立脚し、最早発分裂病論を展開したのですが、それが間違いの元でした。

　要するに分裂病ということを言って何のプラスだという反論が出た。当然だと私も思いますし、今だったら、そんな書き方をしないだろうと思います。ただ、私は、彼らの在り方があまり理解されていないので、理解するよすがとして、立脚するところを求めようとして、こういうものを書こうと思ったのですが、それは今から言えば間違いでした。

症　　例

　ここで自経例をお示しします。6歳の女の子K子です。彼女が体育館の広い空間をヒラヒラと回っています。他に1人の男の子がいて、その子が正方形のジュウタンもどきの縦縞と横縞の縦縞だけを好んでいて、そこに積み木を四つ並べて、正方形を作ります。そこにK子が行って、コンッと蹴っ飛ばす。ぐるぐると回ってきて、必ずそれができると蹴っ飛ばすわけです。私は、そのブロックを押さえて、蹴っ飛ばされないようにして守ります。そうすると、K子はパニックになります。急に大きな声でギャーと叫びだします。それで、他の子がK子のところへやって来たが、その子はオモチャを抱きながらやって来たので、オモチャをギュッと引っ張って、パシッ

と首飾りが飛び散ります。そこで、私は、そのオモチャの首飾りを全部一か所に集めて、先ほどの正方形の中にキチッと入れて、ジッと守っています。そうすると、K子はパニックに陥っていたのが治まり、私のところへ来て、ずうっと後ろにくっついて来ます。

　別の女の子W子は4歳11か月で、5階建ての病院の階段上りを必ずします。最上階は窓がなくて、その踊り場は暗くて誰も来ない場所です。そこから彼女は、持っていた人形をピョーンと落とします。私は、ちょうど人形が地面に落ちるところを見計らって「イターイ」と言います。そして、5階まで階段を上がって行って人形をW子に渡すと、また放ります。3度繰り返します。私は人形を今度は渡さず3段下で持っていると、W子は靴を脱ぎます。ポーンと私の方へ捨てます。それを私は人形に履かせます。要するに人形がW子の代わりだということの想定です。すると、W子が履いていた靴を全部捨てるので、二つとも靴を人形に履かせますと、W子はシャツをポーンと落とします。そのシャツをこの人形に着せます。とうとう下着まで全部脱いでしまったのです。それで、ちょっとこれは困ったと思い、私は自分の上着を彼女に着せて包み込みます。その時に、私は「こんにちは赤ちゃん」の歌を歌いました。

　別の男の子Ｉ男は5歳で、実はこの子も不思議で、中味の入ったコーラ瓶の上のキャップを取ったまま、左手にそれを持っていると安定した行動が取れる子でした。他の子が、このコーラが飲みたくて、バアッと取りに来ます。彼にとってこのコーラ瓶はとても大事なので、私は必死に守りに掛かります。3人一緒にひっくり返り、コーラを溢さないようにひっくり返るのは、なかなか難しいのですが、ちゃんと中味を守って取られずに済みました。次の回に、いろんな野外行動があり、崖登りをすることになりました。Ｉ男は、コーラ瓶以外の持ち物もいろいろ持って歩いていましたが、だんだんと登るにしたがって手が足りなくなり、持っていた熊手やバケツ

などを全部捨てます。ところが、コーラ瓶だけは持っています。最後の1mの所では、コーラ瓶を持っていると、とても登れない強い傾斜がありました。私はⅠ男の後ろからずっとついていたので、初めてコーラ瓶を私に渡しました。そこで、私はコーラ瓶を持ち、Ⅰ男のお尻を押し上げて、彼にもう一度、コーラ瓶を返します。

　要するに何が言いたいかと言うと、コーラ瓶が大事という意味ではありません。私の判断では、彼にとってコーラ瓶は外なる自己であり、これはウィニコットが「移行対象」〔transitional object〕と言っているものに等価です。普通の子どもでも、2歳から3歳あたりまで、ビリビリになったブランケットや、お母さんのハンケチの切れ端などを持っている子と同じです。移行対象というのは、要するにお母さんの代わりで、それがあるということは、お母さんがいることであって安心できるのです。もし、その移行対象とおぼしきものがある場合、その移行対象とおぼしきものというのは外なる自己ですから、彼と同じぐらい大事にしてあげるということは彼自身が大事にされたということになり、われわれとの関係性は急に近まります。

治療の時期

　治療には時期があり、「積極的配慮を伴った絶対受容の時期」に言えることは、絶対にわれわれは先導型、主導型で彼らを治療するのではないということです。彼らは大体近くに来られるのが怖いわけですから、斜め背後で、ちょっと彼らがひっくり返りかけたときに近寄れば抱っこできるぐらいの距離で、いつもフォローするわけです。

　そのように、彼ら自身がやりたいこと、興味をもつことにひたす

ら関心をもって、それをずっと繰り返しやっていますと、そのうちにほとんど全身をペタッとくっつけて来る。マーラーのいう「共生的段階」が来る。それで、こちらの方が甘い気持ちをもったら大間違いで、途端にガブッと噛みつくといった「強い攻撃性発現の時期」が来ます。

　その頃は、ちょうど私が精神科医になって2年目だった頃で、自宅に帰り、お風呂に入ろうとするとシャツが全部、歯形と血の跡ばかりになっていました。家内は、「そんなとんでもないことをしなければならないのだったら、もう精神科医を辞めてください」とまで言いました。ところが、私は、この時期の彼らは自分たち自身が世界を噛みたいと思っているのではなく、世界からいつも噛まれてきた存在だということの一部をわれわれに示してくれていると考えていました。だから、ここを通過できなかったら彼らの世界も絶対理解できないと思い、2年ほど歯形と血の跡ばかりのシャツの時代を過ごしました。それから、そういうことは少なくなっていきます。十亀史郎先生は、自閉症に心理療法などというものをやると、彼らは退行するだけで絶対によくない。退行を促進させるものは治療とは呼べないので、そういう心理療法は有害だ、という論文を書かれました。私は、確かにそういう部分はあると思いました。しかし、この攻撃性の時期をどう回避するか。こちらもなるべく痛みを最小にして、彼らの感じている世界などの痛みをどう共有しながら、それを乗り越えるかということをしない限り駄目だ。それをしないと、彼らは自閉の世界からは絶対に出てこない。だから、自閉症の治療は難しいということになってしまったのだ、と私は思っています。また、もちろん私は行動療法が間違っているとは全然思っていませんし、行動療法で役立つことはたくさんあると思います。しかし、結局、当時の精神科医たちは全部子どもたちの治療から撤退してしまって、教育的な行動療法に走ってしまいました。私は、

それは違うと思いました。そこをどう回避し、乗り越えるかであり、このテーマを乗り越えたケースに関しては、次の第3期である「象徴的遊戯の時期」が出て来ます。

これに興味をおもちになった方は、是非、当時の論文及び、岩波書店から出した『親子関係と子どものつまづき』〔1985〕を読んでいただきたいのですが、象徴的なことが起こってきます。それは、そこで行われている遊びの質や内容について、先ほどの症例について述べたものです。

第3期の「象徴的遊戯の時期」がクリアされていくと、「母子一体性の時期」と言えるような、お母さんが喜々としてその関係性を報告される時期がやっと現出し、「それに続く言語獲得の時期」がそこに乗って来ます。そして、「社会化の時期」がやって来ます。全体の個としての一つのステージとして考えれば、こういうふうに展開することが一つの雛形としてあります。そういう形で私は、子どもたちとかかわってやってきました。

おわりに

ほんの15年ほど前までは、第一線の現役でした。ところが、もう体力が駄目になって、だんだんと動きの多い彼らに着いていけなくなったので、次の世代の人たちに委ねて、その人たちのスーパーバイズをする形でかかわっているのが現在です。今日の話で一番大事なのは、現在、発達障害といわれる子どもたちへの愛情です。ただし、過剰であってもいけませんし、過小であってもいけません。絶えざる関心、絶えざる興味、絶えざる愛情、この一点を示すことができたら、不可能も可能になります。*

* これは、当日の私の口頭発表のテープ起こしをしたものに、私が朱を加えたものです。とても丁寧に、とくには原論文などにあたられて活字に変えてくださった創元社編集部と、そもそも私を再び公の場に呼んで講演を可能にしてくださった、花園大学教授の橋本和明先生に心より感謝します。

第 4 講

発達障害と子ども虐待
―― 発達精神病理学から見た発達障害 ――

杉山　登志郎

発達障害の新しいパラダイム

多因子遺伝モデルとしての発達障害

　最近の知見のなかでもっとも重要な点は、多くの発達障害が多因子遺伝モデル polygenetic であることが明らかになったことです〔Sumi et al., 2006 ; Virkud et al, 2008〕。多因子遺伝モデルとは、疾病が素因と環境因で生じるというモデルのことです。ここでいう環境因は、epigenetic とも呼ばれ、遺伝情報がメッセンジャー RNA に転写され、酵素などのタンパク質の合成が行われる際に環境からの干渉を受けるという現象です〔Marcs, 2004; 佐々木、2005〕。例えば喫煙によるニコチンの暴露で初めてスイッチがオンになる遺伝子など、この過程で多くの状況依存的なスイッチが存在します。つまり遺伝子とは青写真ではなく、料理のレシピのようなものであることが明らかになったのです。従って環境因といっても生物学的な干渉によるもので、例えばアルコール依存症の父親による母親への DV が常在化したとき、母親のホルモン動態のアンバランスによって遺伝子に epigenetic な干渉が引き起こされます。また、この環境因による遺伝情報の変化は非常に広範で、乳幼児期のみではないことにも注意する必要があります。例えば覚醒剤の暴露によって遺伝情報の発現に変化が生じ、その結果、薬物に対する脳の反応系全体に永続的な変化が生じるのです。
　さらに多因子遺伝モデルにおける素因は、日常的に常に生じている遺伝子の変異を含み、それらは原因結果という直線的な関係ではなく、リスク因子の積算という形を取ります。このようなモデルが

多因子的な要因を持つ精神医学的障害において適合することは以前から知られていました。例えば知的障害は、五つの独立した素因を想定し、個々の素因が±15のIQの変動を担うと仮定して予測を立てると、家系における実測値にもっともよく当てはまるのです〔Tanguay et al, 1991〕。

　このモデルは多くの慢性疾患と同一です。例えば糖尿病の素因をもつものは単一ではなく、非常に多くあります。しかし、そのすべてが発症するわけではありません。また多くの素因をもっていても、生活の工夫によって発症を抑えることは可能ですし、素因がわずかであっても暴飲暴食を繰り返せば発症に至ることは十分にあり得ます。

　このことを考慮すると、近年発達障害が増えていることに対する謎が解けます。原因－結果という直線的なモデルではないことに注意が必要なのですが、結婚年齢が高くなれば当然出産年齢も上がります。するとそれによって新たなリスクが生じ、同様に環境ホルモンの影響によるリスクも加わります。また、新生児の神経系のバランスに影響を与えうる環境的な要因、例えば刺激の絶対量の過多、あるいは過少によってさらにリスクが一つ加わります。このような病理を考えれば、広汎性発達障害や注意欠陥多動性障害のように、最大の要因が遺伝的素因であることが明らかになっている障害に環境や状況が影響することに何ら不思議はありません。

発達障害と発達凸凹

　さてこのモデルで考えた時に、いくつかの考慮すべき問題が浮かび上がってきます。多因子遺伝モデルにおいて、素因を有するもの

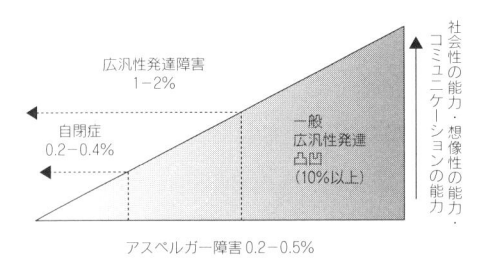

図1 広汎性発達障害と広汎性発達凸凹

は、発症する人の少なくとも5倍以上の数が存在することが定説となっています。素因をもつものは、発達障害の基盤を形成する認知特性によく似た認知の特徴を有していますが、その大半は、国際的診断基準における適応障害に関しては認められません。しかしこの両者の間には連続性があり、状況如何によっては、適応障害が生じる可能性が存在します。つまり臨床的な観点からは、適応障害を有しないグループにおいても、予防的な関与の必要性が明らかなのです。しかし、それらの素因レベルのグループを障害と呼ぶことはできません。つまり、この素因レベルの人々を別称する必要が生じるのです。

私は素因レベルを表す言葉を模索する中で、単直に「発達凸凹」と呼べばよいのではないかと結論しました〔杉山ら、2009〕。凹凸ではなく凸凹とした理由は、このような認知特性が特に広汎性発達凸凹において決してマイナスとは限らないからです。狭義の発達障害とは、発達凸凹に適応障害が加算されたグループです。最近になって、疫学研究者から広汎性発達障害の親族に似た認知特性のものが多いという事実を踏まえ「広範な自閉症表現型 Broad autism phenotype : BAP」という概念が提唱されました〔Losh et al., 2007〕。広汎性発達凸凹とはまさにこのBAPと同じものを指しています【図1】。

そんなことから、私は最近、新患の発達障害系の小さな子に会ったときに、お父さんやお母さんから「うちの子は発達障害ですか？」と言われたら、「発達凸凹です」と言い、「発達障害にならないように一緒にがんばりましょう」と説明しています。

さらにこの凸凹が「マイナスとは限らない」ということに関してですが、最近になって、偉人や天才として顕彰されてきた人の中に特にアスペルガー障害と考えられる人が数多く存在するという指摘

がなされるようになりました〔James,2006〕。少し考えればわかりますが、昔の習慣や先人の考え方にとらわれていたら、独創的な仕事はできません。この視点からとらえ直す

表1 高機能広汎性発達障害に認められる精神医学的問題の一覧（N＝550）

	N	%
気分障害	94	17.1
不登校	68	12.4
解離性障害	47	8.5
強迫性障害	31	5.6
統合失調症様病態	15	2.7
行為障害、犯罪	37	6.7

と、むしろ多くの優秀な人々が凸凹を有していることも明らかになります。私たちは最近、特に発達の山と谷の両者をもつ児童、青年への教育的対応について報告と提言を行いました〔杉山ら、2009〕。わが国のシステムは、認知の谷間に関する教育のみが実践され、他の先進国において実施されている天才児のための特別支援教育が、手つかずのままなのです。

　未診断の発達障害という問題は、非常に広範な論議の口火となります。従来の精神医学や臨床心理学には発達障害という概念がほとんど存在しませんでした。その結果、未診断の、特に高機能広汎性発達障害（凸凹）が、発達障害の既往に気付かれないままに、精神医学的な診断を附され、誤った治療を受け続けるということがしばしば生じていました。私が統計を取ったデータでは、広汎性発達障害の併存症は多く、多岐にわたります【表1】。その内容を検討してみると、従来の分裂気質 schizoid は実は広汎性発達障害（凸凹）と呼び変えてよいのではないかと思っています〔杉山、2008〕。

発達障害に認められる精神医学的問題

　この視点によって、これまで難治性と考えられていたいくつかの精神科的障害への突破口が開けるのです。それはシゾイドタイプの拒食症、巻き込み型強迫性障害、重症の選択性緘黙、重症の引きこもりに至る不登校などです。私はこれらの症例において非常に高率に、広汎性発達障害の基盤の上に併存障害として生じたと考えられる青年や成人を数多く診てきており、逆に発達障害において生じた

問題として捉えることで、重症と言われてきたこれらの病態の治療を行う上で、以前より苦労することが著しく軽減しました。この論議は、統合失調症とは何かという精神医学の基盤を揺るがす問題に既に展開しています〔杉山,2009〕。

トラウマの衝撃と発達障害

　もう一つの新たな視点はトラウマの衝撃です。子ども虐待をはじめとする慢性のトラウマが脳に器質的な変化を引き起こすことは、21世紀になって様々な脳画像研究のデータが報告されほぼ確実になりました。この事実の少なくとも一部は、先に述べたepigeneticな干渉なのでしょう。私は子ども虐待臨床に従事する中で、発達障害とトラウマとの複雑な絡み合いを知りました。発達障害の存在は、虐待やいじめといった迫害体験の高リスクを生みます。その一方で、子ども虐待などの慢性のトラウマの存在は、その後遺症として、発達障害に非常に類似した一連の病理症状を引き起こします〔杉山,2007a〕。ここで取り上げたいのはその鑑別ではありません。発達障害とトラウマが掛け算になった時、それによって何が起きるのでしょうか。私は子ども虐待の臨床経験から発達障害臨床を見直したとき、このトラウマの問題こそが、発達障害の長期転帰を不良にする最大の要因であると考えています。

　従来の精神病理学は症状学であり、同時に精神疾患の体験世界を知るための医学的心理学として作られました。ところが従来の精神病理学には発達の視点が欠落していました。今もっとも必要とされている知識は、素因を有する個体にどのような環境的な干渉が生じたときに、どのような臨床的装飾あるいは新たな臨床症状が現れるのか、臨床経過にどのような変化が生じるのかという知識です。まさにこの点を検証する科学が発達精神病理学 developmental psychopathology に他なりません。

精神医学においては、数百例を経験して初めて理解できることは少なくありません。今回は各々の発達障害に関して詳述することはやめ、発達精神病理学の立場からライフサイクルを巡る論議の鳥瞰を試みたいと思います。

発達精神病理学から見た発達障害

愛着を巡る問題

愛着の形成は、対人関係の基盤のみならず、情動コントロールの基盤、さらには社会的な行動の中核であることに注目する必要があります。愛着行動はそもそも幼児が不安に駆られたときに、愛着者の存在によってその不安をなだめる行動です。やがて愛着者は内在化され、子どもは不安をきたさなくなります。そしてこの内在化された愛着者のまなざしこそが、発達障害の有無に関係なく、社会的な行動を子どもにうながす動因になるのです。このことは、子ども虐待臨床において、愛着障害の児童の臨床に携わると非常によく見えます。彼らは頭で悪いとわかっていても、例えば盗みなどを容易に反復してしまいます。それは反社会的な行動を取るその瞬間に、歯止めとなる愛着者のまなざしを内にもたないからなのです。

さらに、愛着自体がトラウマの防御壁になることにも注意する必要があります。私たちが辛い体験のさなかに、重要な愛着者の存在によって自ら慰めたり奮い立たせることを思い出してみるとよいでしょう。愛着未形成の子どもは、内側から不安をなだめる内在化された他者の存在を欠くため、不安をコントロールする術を知りません。その結果、トラウマが自己の中核に直接突入する構造が作られ

表2 子ども虐待に認められた併存症 (N = 916)

併存症	合計	%	
広汎性発達障害	244	26.6	発達障害
注意欠陥多動性障害	153	16.7	
その他の発達障害	86	9.4	
反応性愛着障害	418	45.6	虐待の後遺症群
解離性障害	434	52.3	
PTSD	308	33.6	
反抗挑戦性障害	133	18.3	非行群
行為障害	267	29.1	

てしまうのです。それを守る手段は解離以外にありません。彼らはトラウマ記憶を切り離すことで防衛を図るのですが、今度は切り離された部分が中核になって、新たな人格が成長を始めるという病理が展開して行きます。

発達障害の臨床において、愛着の形成は重要な課題になります。この愛着形成を困難にする要因には三つあります。第一に子どもの広汎性発達障害、第二に子どもの多動性行動障害、第三に母親の広汎性発達障害（凸凹）の存在です。

広汎性発達障害においては、知覚過敏性などの問題に妨げられて、知的な障害がなくとも愛着の形成は遅れるのが普通であり、高機能児であっても、本格的な愛着の形成が小学校年代に入ってからという児童が多いのです。したがって、子どもは小学校年代にきちんと両親に甘えを受け入れてもらうことが、とても大事な課題となるのです。また、多動性行動障害の存在も愛着の形成に著しい悪影響を与えます。L.Wingの自閉症の臨床分類における孤立型とは知覚過敏性の高い群、積極奇異型とは多動を伴った群のことです。注意欠陥多動性障害においても愛着の形成の遅れが認められ、その修復は広汎性発達障害と同様、小学校年代になされる必要があります。

子ども虐待を巡る問題

ここで問題になるのは、子ども虐待です。特に高機能広汎性発達障害は子ども虐待のリスクが高いのです[表2]。その理由は、未診断の状況での愛着形成の遅れが、養育者側に非常に強い欲求不満を作るからです。従って、養育者には小学校年代になると接するのが非常に楽になることや、小学校の中学年になると親に非常に甘える

ようになることなどを、幼児期の段階でしっかりと伝えておく必要があります。

　私達がはじめに「母子アスペ」という問題に気付いたのは、入院治療を必要とするこじれた症例からでした。そのような症例では、子どもの父親に広汎性発達障害の特性が見られるというよりも、母親の方に広汎性発達障害のパターンをもつ人が少なからず認められました〔浅井ら、2005; 杉山、2007b〕。ちなみにこうした母親において、精神科未受診者はほとんど存在せず、実にさまざまな診断を受けていましたが、発達障害の診断を受けていた者は皆無でした。

　どうやら高機能広汎性発達障害（凸凹）の成人が惹かれ結婚をする可能性が高いペアは二つあるようです。一つは高機能広汎性発達障害どうし、もう一つは高機能広汎性発達障害と元被虐待児という組み合わせです。前者は認知特性の類似から、後者はおそらく人との距離に苦しむ元被虐待児である成人において、対人距離が遠い高機能広汎性発達障害（凸凹）者のパートナーを選ばせるのでしょう。したがって両親ともに高機能広汎性発達障害（凸凹）という場合も決して少なくないのです。

　ところで、私たちの臨床経験では、母子アスペ群において実に8割に子ども虐待が認められました。また虐待まで行かなくとも学校と対立してしまうなど、子どものために環境を整えるといった配慮ができないために起きるトラブルを抱えている場合が少なくありませんでした。この母子アスペ問題への対応は、症例によっては容易ではありません。しかし母子ともにカルテを作り、並行治療を行うことがもっとも有効な方法だと思われます。

トラウマの影響を受けやすい発達障害

　発達障害の一般的な経過は、発達や社会性が徐々に向上して行く過程です。ところがここに子育て不全や集団教育におけるいじめと

いった迫害体験が加わると、にわかに不良な経過をたどるようになります。齋藤〔2000〕による有名な注意欠陥多動性障害におけるDBDマーチにおいて、注意欠陥多動性障害から反抗挑戦性障害の併存は非常に多いのです。ただしそこから行為障害までジャンプするものはごく希です。ところがここに子ども虐待など子育て不全が加わると、その過半数が行為障害へ発展し、さらにその一部は成人の反社会性人格障害に至るのです。つまり子育て不全の介在こそがDBDマーチを推進させる動因なのです。いじめの影響も軽いものではありません。私たちは、入院治療を要する不適応を繰り返していた高機能広汎性発達障害の症例において、過去の迫害体験のトラウマに焦点を当てた治療を行った後に、はじめて治療的な進展が得られたという経験を何度もしました。

　特に広汎性発達障害をトラウマという視点から見ると、そもそも広汎性発達障害はトラウマを引き起こしやすいさまざまな要因を抱えることに気付きます。高機能自閉症者の回想や自伝では、しばしば幼児期の脅威的な世界が語られます。とくに高い知覚過敏性を抱える場合には、まさにトラウマの塊(かたま)りのような状況になってしまいます。本質の解明がいまだに不十分である知覚過敏性は、その基盤として扁桃体など情動に関する情報の調律器官の機能不全が背後にあります。

記憶の障害としてのタイムスリップ現象

　ところが、自閉症独自の記憶の障害であるタイムスリップ現象が、ここに介在することになります。つまり過敏性に絡む怖い体験に関連した記憶事象によって、過去の不快体験の記憶の鍵が開き、フラッシュバックが生じてしまうのです。つまり知覚過敏性は、徐々に生理的な問題から状況を引き金とした心理的な問題へと展開していくのです。この知覚過敏という生理学的な不安定性によっ

て、一般の健常者ではそれほど脅威的でない事象においても、しばしばトラウマと同等の脅威性が生じます。さらに彼らの独自の認知構造は、全体の把握が困難で、部分にとらわれやすい特徴をもちます。その結果、見通しの障害が生じ、不意打ち体験や秩序の混乱が容易に引き起こされるのです。また、広汎性発達障害の認知対象に吸い寄せられるかたちの自我機能のあり方は、容易に解離反応を引き起こし、体験の連続性を困難にします。また先に述べた愛着形成の遅れは、それ自体がトラウマからの防御壁の欠如をもたらすのです。

広汎性発達障害児と被虐待児の共通する体験世界

こうして、広汎性発達障害の体験世界をトラウマという視点から振り返ってみると、逆に彼らの示す行動の特徴と、被虐待児に認められる臨床的な特徴とが重なり合うことにも気づかざるをえませんでした。自閉症児の示す防衛としての常同行為、防衛としての解離反応、さらに過覚醒とそれにともなう気分の変動などなど、幼児期であればあるほど、トラウマへの脆弱性が著しく、それによって適応状況が大きく変化します。迫害体験から極力保護をすることが可能であった場合には、学童期後半になって愛着獲得がなされ、その後は彼らなりの方法ではありますが、トラウマに対する脆弱性は軽減するようにみえます。しかし、強烈なトラウマにさらされ続けた場合には、他者の存在そのものがパニックの引き金になるという、きわめて対応のむずかしい状況に至ることがあり、これが強度行動障害にほかならないのです。

さらに元被虐待児であり現在は加虐側になっている、高機能広汎性発達障害（凸凹）の親への親子並行治療を経験する中で、彼らに非定型的な双極性障害が多いことに気付きましたが、これについては後ほど述べます。

チャンス EMDR

　トラウマに対してはトラウマ処理と呼ばれる特殊な技法が必要です。私たちは、広汎性発達障害の事例においても積極的にトラウマへの治療を行うようになり、さらにその派生でチャンス EMDR という方法をあみ出しました。具体的な症例を挙げましょう。

　症例は、高機能自閉症の6歳の男児です。兄もまた高機能広汎性発達障害で、母親は特定不能の広汎性発達障害〔PDDNOS〕とうつ病があり、並行治療を行いました。患児は多動もあり、学校ではしばしば他の児童とトラブルを繰り返していました。あるときから別の児童に何か言われたり手を出されたことに著しくこだわるようになり、何日たっても「○○が死ねと言った」「○○が僕を叩いた」と言って泣いたり、怒ったりするようになりました。さらに、夜眠れなかったり学校に行くのを嫌がるようになりました。ちなみに、この児童とのトラブルがあったのは、少なくとも学校が始まったばかりの数か月前で、なぜ今になってこのことを持ち出すようになったのかよくわからないといいます。

　その場面を思い出すように指示をして、左右交互の振動を作り出すパルサーと呼ばれる機材を両手で握ってもらい、交互振動刺激を3セット行いました。患児は笑顔になったので、「スッキリした？」と尋ねるとニコニコして「うん」と答えました。さらに患児にはピモジド 0.2mg を処方しました。母親は半信半疑でしたが、その後「○○が」という訴えは著しく軽減し、2週間後にはすっかり元に戻ったのです。

　これがチャンス EMDR と呼んでいる手法です。タイムスリップ現象という程までに、まだ記憶に根を張っていない不快記憶の場合には、このようにほんの数分で、処理が可能なこともあります。

不登校とひきこもりを巡る問題

　発達障害において、学校に行くという課題は極めて重要です。中でも広汎性発達障害の中核である社会性のハンディキャップを改善するとなると、社会的な経験を積む以外に方法はありません。学校以外のどの場所で社会的規範を遵守する経験を積むことが出来るでしょうか。もちろん学校という環境は、発達障害児の存在を念頭に置いて作られていないため、さまざまな配慮を加えることが必要不可欠なのですが……。

　私たちの検討では、高機能広汎性発達障害 550 名中不登校は 68 名（12%）でした【表1】。しかし、問題は未診断の発達障害による不登校の存在です。不登校を主訴として、あいち小児保健医療総合センターを受診した児童青年の実に 7 割までが、高機能広汎性発達障害で、その大半は発達障害診断を受けていませんでした。この問題が深刻になる一つの要因は、従来の不登校対応において発達障害の基盤という視点が欠けていたことにあります。広汎性発達障害を基盤にもつ不登校児に、他の不登校症例と一律に力動的な対応をされてしまうと、蟄居のまま重要な学校教育の年限を超えてしまうことが実にしばしば生じます。実際、私たちがフォローアップしている 101 名の成人症例のうち、17 名のひきこもりが存在しますが、その 9 割までが不登校既往者です。

　不登校の理由としては大きく分けると、多い順に、①カリキュラムが患児の学力に合わなくなって学校生活の忌避につながったもの、②いじめをはじめとする迫害体験が絡んだもの、③嫌なことはやらないというパターンで学校への参加を拒否するものの三つがあります。これら三つの理由はいずれも重なり合い、特に①と③、②と③はしばしば同時に見られます。①と③が絡んだ症例の場合、高機能広汎性発達障害以外には決して起きえないであろうという独特

の不登校の形を取ることがあります。例えば、ある年齢から「自分はこれから年齢をさかのぼる」と宣言して、学校に行くことを拒否した症例を私は経験しています。来年は1つ若くなり、再来年はさらに1歳年が減り、数年したら子どもになって、お父さんお母さんに養ってもらうというのです。

いじめなどのトラウマが絡む場合には、先に述べたトラウマ処理を行うことが必須です。また後述する気分障害の併存もときに認められます。高機能広汎性発達障害の青年で、いわゆるひきこもりに既に至ってしまった症例の中で、デイケアなどに参加することが出来るようになった例は少なくないのですが、就労するまでに改善した例を残念ながら私はほとんど経験したことがありません。これが不登校状態への積極的な介入が必要な所以です。

精神医学と発達障害

これまで臨床心理学も精神医学も患者の発達歴を丹念に辿るという習慣を持ちませんでした。その以前に、そもそも発達障害の臨床経験とその観点が欠落していました。ところが、ごく最近になって、さまざまな成人精神科臨床から、発達障害を基盤とした診断および治療の見直しの提言が相次ぐようになりました。その一つが衣笠ら〔2007〕による重ね着症候群です。衣笠がここでいう広汎性発達障害の中には、重ね着症候群の定義における未診断ということからも、明らかにBAPレベルのものが含まれています。

未診断の発達障害に対する誤診あるいは見落としの問題は、非常に広範な論議になるので、ここでいくつかのトピックスに絞って論点の整理を試みます。

表3 統合失調症と広汎性発達障害の症状の鑑別点

	統合失調症	高機能広汎性発達障害
幻覚	大多数は幻聴、周囲の変容感を伴う	大多数はフラッシュバック、幻視様訴えを伴う
幻覚の時間的経過	長時間継続する	一瞬であることが多い
幻覚の内容	内言語の外在化	実際に過去にあったことのフラッシュバック
抗精神病薬への反応	早期であれば良好	抗精神病薬に対して難治性、(SSRIが有効だが、下記の気分変動併存の場合は禁忌)
双極性障害の併存	一般的には希	よく見ると気分の上下をしばしば併存する
解離の併存	一般的には希	よく見るとしばしばスイッチングが認められる
子ども虐待の既往	一般的には希	しばしば認められる
幼児期から学童期の対人関係	大人しい目立たない子であったものが多い	しばしば集団困難、興味の限局、孤立、迫害体験などが認められる
コミュニケーションのあり方	会話が筆記よりも困難が少ない	しばしば筆記の方が会話よりもスムーズ
こだわり・強迫	初期には一般的には希	生涯を通じて様々なこだわりや思い込みを抱える
発達障害診断の親族の存在	希	非常に多い

統合失調症と発達障害

　まず統合失調症です。1990年代になってアスペルガー障害が広汎性発達障害の一群として認められるに従い、高機能広汎性発達障害と統合失調症との関連が議論されるようになりました。アスペルガー障害のみならず高機能広汎性発達障害において、統合失調症もしくは統合失調症類似の病態がときとして見られることは、しばしば指摘されてきました。そもそもWingの最初の論文において、18人のうち統合失調症様の症状を呈した1名が存在しました。私たちの検討では、550名の高機能広汎性発達障害の中でわずかに15名(2.7%)が統合失調症の症状を示しましたが、経過を見る限り明らかに統合失調症とは異なる症例でした。

　表3に統合失調症の症状とアスペルガー症候群の示す症状とを対比させ、鑑別点をまとめました。こうして比較をしてみると、機械的に診断基準を用いた場合、発達障害の可能性を念頭に置いていなければ、統合失調症型人格障害や統合失調症と診断を受けることは十分にあり得ることに気付きます。つまり、これまで統合失調症を発達障害の視点で検討してこなかったことこそが大きな問題なので

す。さらに統合失調症に関する精神病理学的な検討の中には、統合失調症よりも広汎性発達障害の方がよほど適合するものが少なくありません。私は内省型寡症状統合失調症の代表として知られる名著「自明性の喪失」に登場するアンネ・ラウの詳細な検討を行い、彼女が高機能広汎性発達障害である可能性を指摘しました。成人を対象としている精神科医もこのことに気付き始めています。統合失調症と診断をされてきた青年の中に、BAPレベルまで含めた広汎性発達障害が少なからず混入していることは疑いのない事実で、誤診に加え抗精神病薬の大量投与という問題が絡み、今日大きな論議になっています。

気分障害と発達障害

次に気分障害です。私たちの調査では、550名のうち94名（17%）が気分障害であり〔表1〕、もっとも多い併存障害であることは疑いの余地がありません。さらに成人年齢の101名中53名（52%）に気分障害の併存が見られます。このように、年齢が上がるに連れて気分障害は高くなることが示されています。高機能広汎性発達障害の近親者には、非広汎性発達障害である成人でも、うつ病が非常に多いのです〔Ghaziuddin et al.,2002〕。これは気分障害と広汎性発達障害とに内的な関連があることを示すものであり、その内的関連とはセロトニン系の脆弱性です。

さて問題は双極性障害の割合です。広汎性発達障害に見られる気分障害において、双極性障害が少なからず認められることは、Munesueら〔2008〕によって指摘されましたし、私の経験でも少なからず認められます。しかしその大多数が、双極II型でした。具体的な数字を示しますと、101名中、気分変調性障害レベルの者が14名、23名が大うつ病、16名が双極性障害で、うち双極I型と診断される者は3名のみでした。ただし平均年齢を見ると、抑うつ無し

20 ± 1.8 歳、気分変調性障害 25.5 ± 3.5 歳、大うつ病 37.0 ± 10.5 歳、双極性障害 33.8 ± 6.9 歳と、有意に（f（3）= 45.5、p < .01）年齢があがるにつれ、気分変調性障害から大うつ病もしくは双極性障害に発展する傾向が認められました。

　また大うつ病と双極性障害には、どうやら年齢的な要因以外の問題が絡んでいると推察されます。臨床的には、児童期から双極Ⅰ型を示す広汎性発達障害は、重度の知的障害を伴う自閉症に比較的多く認められ、児童期から双極性障害を示す高機能広汎性発達障害は散見されますが、その大多数が双極Ⅱ型あるいはその他の双極性障害に属します。明らかな双極性障害を呈した成人の高機能広汎性発達障害症例において注目すべきは、子ども虐待の既往が存在することです。幼児期や学童期の状況がわからないものが、少なからず含まれていますが、双極性障害を示した 16 名について見ると、少なくとも 9 名において子ども虐待の既往がありました。

　つまり元々の発達障害に虐待が加わった時に、双極性障害が生じやすいのではないかと考えられます。ただし、性的虐待など重症の被虐待体験を有する成人において、しばしば重度の解離性障害を併存する者が存在します。この重症の解離を主症状とする複雑性トラウマ〔Herman,1992〕あるいは DESNOS〔Zucker,et al.,2006〕においてしばしば見られる感情の抑圧と噴出は、臨床的には極端な気分変動と同一に見え、非定型的な双極性障害類似の状態として誤診されることが少なくありません。この原型となる症状を見ると、特に学童期の子ども虐待の子ども達に普遍的に認められる、多動および気分の高揚ではないかと考えられ、解離を背後にもつ気分の上下であると考えられます。最近注目をされているグループが sever mood dysregulation（：SMD）〔Brotman et al., 2006〕です。病態としては双極性障害類似の mood swing がありますが、双極性障害よりもむしろ DESNOS に近いグループです。成人の高機能広汎性発達障害

(凸凹)に認められる双極性障害は、一般的な双極性障害に比べ、感情調整剤の服用だけで容易に気分の上下がコントロール出来ないことが多く、厳密には双極性障害と別の病因を持つグループかもしれません。

　この問題は、このように非常に複雑な論議にならざるを得ないのですが、臨床的には逆に、従来、双極性障害と診断をされた中に、凸凹レベルの者を含む広汎性発達障害の既往をもつ者と、複雑性トラウマのレベルの者が含まれていることを示唆します。未だに決着がついていない問題ですが、おそらく重度の虐待体験という強烈な脳への慢性的刺激にさらされた個体において、海馬、扁桃体、帯状回などの記憶や感情の中枢に異常が生じ、その一部は気分変動の形を取ると考えれば、広汎性発達障害に加えて被虐待の既往がある者に双極性障害類似の病態が生じやすいことはうなずけることです。また若年から双極性障害の臨床像を呈する広汎性発達障害が、知的障害を伴った自閉症において比較的多く認められる理由も、彼らが生物学的な感情調整の不調だけでなく、知覚過敏や愛着の障害といった、強烈なトラウマにさらされ続けるのと同じ構造と考えられる世界に生きていることを考えれば了解出来ることです。

発達障害をライフサイクルの中で捉えること

　診断を下す目的は治療を汲み上げるためです。上記の論議の中で明らかなことは、従来のカテゴリー診断学が如何に粗雑なものかということです。私たちは新しい脳科学の時代に差し掛かりつつあります。これまでの精神医学や臨床心理学は、あたかも18世紀の内科学でした。中で何が生じているのか分からないまま疾病分類が行われ、治療がなされてきたのです。今ようやく、脳の中で何が起きているのかうかがうことが可能になってきました。

　ライフサイクルの中で発達障害を捉えることは、精神医学および

臨床心理学全体を発達精神病理学の視点から構築し直すことに他なりません。科学が発達障害の長期的な転帰を改善させる鍵を提供するだけでなく、全ての精神科疾患の予防の道を開くことに注目して欲しいと思っています。そのために理念や理論の空中楼閣を構築するのではなく、地道なエビデンスの集積が必要とされているのです。

文　献

浅井朋子・杉山登志郎・小石誠二・東　誠・遠藤太郎・大河内修・海野千畝子・並木典子・河邊真千子・服部麻子（2005）「高機能広汎性発達障害の母子例への対応」『小児の精神と神経』45, 353-362.

Brotman MA, Schmajuk M, Rich BA, Dickstein DP, Guyer AE, Costello EJ, Egger HL, Angold A, Pine DS, Leibenluft E. (2006) : Prevalence, clinical correlates, and longitudinal course of severe mood dysregulation in children. *Biolar Psychiatry*. 60(9):991-997.

Fitzgerald, M (2005) : *The Genesis of Artistic Creativity: Asperger's Syndrome and the Arts*. Jessica Kingsley Pub, London. (石坂好樹訳（2008）『アスペルガー症候群の天才たち――自閉症と創造性』星和書店)

Ghaziuddin M, Ghaziuddin N, Greden J. (2002) : Depression in persons with autism: implications for research and clinical care. *J Autism Dev Disord*., 32 (4):299-306.

Herman, J.L. (1992) : *Trauma and recovery*. Basic Books, Harper Collins, Publishers, Inc., New York. (中井久夫訳（1996）『心的外傷と回復』みすず書房)

James, I (2006) : *Asperger's Syndrome and High Achievement: Some Very Remarkable People*, Jessica Kingsley Pub, London. (草薙ゆり訳（2007）『アスペルガーの偉人たち』スペクトラム出版社)

衣笠隆幸・池田正巳・世木田組・谷山純子・菅川明子（2007）「重ね着症候群とスキゾイドパーソナリティ症候群」『精神神経学雑誌』109(1),36-44.

Marcus, G. (2004) : The birth of the mind. Basic Books, Cambridge. (大隈典子訳（2005）『心を生みだす遺伝子』岩波書店)

Munesue T, Ono Y, Mutoh K, Shimoda K, Nakatani H, Kikuchi M. (2008) : High prevalence of bipolar disorder comorbidity in adolescents and young adults with high-functioning autism spectrum disorder: a preliminary study of 44 outpatients. *Journal of Affective Disorder*,111(2-3):170-5.

Losh M, Piven J. (2007) :Social-cognition and the broad autism phenotype: identifying genetically meaningful phenotypes. *Journal of Child Psychology and Psychiatry* 48(1), 105-112.

斎藤万比古 (2000)「注意欠陥多動性障害とその併存症」『小児の精神と神経』40(4),243-254.

佐々木裕之 (2005)『エピジェネティックス入門──三毛猫の模様はどう決まるのか』岩波書店

杉山登志郎 (2007a)『子ども虐待という第四の発達障害』学習研究社

杉山登志郎 (2007b)『高機能広汎性発達障害と子ども虐待』日本小児科学会雑誌、111, 839-846, 2007.

杉山登志郎 (2008)「Asperger 症候群の周辺」『児童青年精神医学とその近接領域』49(3) 243-258.

杉山登志郎 (2009)「成人の発達障害」『そだちの科学』13,2-13.

杉山登志郎・小倉正義・岡南 (2009)『ギフテッド──天才の育て方』学習研究社

Sumi S, Taniai H, Miyachi T, Tanemura M. (2006) : Sibling risk of pervasive developmental disorder estimated by means of an epidemiologic survey in Nagoya, Japan. *Journal of Human Genetics*, 52(6):518-22.

Tanguay PE, Russell AT (1991) : *Mental retardation. In Lewis Med. Child and adolescent pyshiatry*: a comprehensive textbook. pp508-516, Williams & Wilkins, Baltimore.

Virkud Y, Todd RD, Abbacchi AM, et al. (2008) : Familial aggregation of quantitative autistic traits in multiplex versus simplex autism. *Am J Med Gent part B 150B*:328-334.

Zucker M, Spinazzola J, Blaustein M, van der Kolk BA (2006) : Dissociative symptomatology in posttraumatic stress disorder and disorders of extreme stress. *Journal of Trauma and dissociation*, 7(1):19-31.

特 別 講 義

共にながめること

― 浮世絵の母子像研究から ―

北 山 修

精神分析とは

心の台本と精神分析

　私は浮世絵の母子像研究というのをやっています。なぜ、臨床をやっているのに絵の研究なのかということを説明しておかないといけないのですが、その前に私の専門である精神分析とは何かという話を少ししておきたいと思います。

　精神分析というのは無意識というものを認める。心理学の中で、S.フロイトが創した精神分析、そしてユング派といわれている分析的心理学、これらは皆、無意識というものを重視するわけです。無意識というのは気が付いていない領域、意識できていない領域、意識することが禁止されているような領域のことで、つい無意識にやってしまっているということがわれわれにはあります。それは関係性が濃厚になったり、情緒的に動揺したりするとすぐに顔を出す、いつものあの癖と言いますか、そういうものを私は"心の台本"と呼んでいます。人には"心の台本"というのがあって、何か重要なことが起きると、必ずそれを繰り返してしまうのです。

　私たちは過去に書き込まれた台本を、相手役を替えながら反復してしまうという習性を持っています。過去に心の台本が書き込まれて、後になって相手役を替えながら繰り返してしまうというのは、どのように実証されているか、あるいは証明されているかと言いますと、それはアタッチメント理論というのが代表的です。アタッチメントはJ.ボウルビーが発想した精神分析的な概念でもあるのですが、乳幼児期に決定されたある種の関係性を、その後大きくなっ

ても繰り返してしまうという理論です。その関係性は、その後の体験によって修正されていくことはあります。しかしながら、小さいときに手が早い子は大きくなっても手が早い。あるいは、小さい時に安定した人間関係が形成されないと、大きくなってからも安定した人間関係が築けないことがあります。そういう発想は、「三つ子の魂百まで」と言うのですが、実証研究においても進んでいる考え方です。

ですから、過去に書き込まれた台本がもし悲劇であるならば、それが特にまずいことにつながる繰り返しであるならば、書き換えていくことに協力したいというのが精神分析的治療の眼目であります。

このことは、皆さんにも当てはまり、夏休みの日曜日だというのに、こんな所に来る、この癖……。いいか悪いかは別にして、もうすでに昔からあなたにあったというような癖。これが喜劇であれば笑って済ますことはできますが、いつもの失敗につながるような癖なら、例えばあなたは講演に出てきて結局寝るんだという、その癖ですね……。これは小さいときからそうですね。家で寝ていればいいんだけど、何か行かなきゃいけない義理みたいなものを感じて、出てくるけれども結局寝るというような解決が、いつもそのパターンの繰り返しになっている。そこを、何とかして起きた方がやはりいいわけですよね。

こういう話を私が今すると、寝ていたあなたが目を覚ますわけです。だから、この台本を読むというのは大変重要な営みだと思うのです。

非常に洞察的な人は、いつもこのことを自分でやっておられる。私はこういうことになると、必ずこうなるんだとか、私はいつもこうして失敗するんだとか……。例えば、最初は乗るんだけど、途中で長続きしなくなる三日坊主といわれるような癖は、結構ご自分でも気が付いておられる。しかしながら、それに気が付くのは大変痛

いことであり、大変苦しいことでもあります。だから、われわれ臨床心理学をやる人間は、その痛みに共感しながら相手がその台本を読むことを援助して、照らし返していくのです。私たちは鏡のような役割を果たすわけです。これはフロイトが使った比喩ですが、私たち臨床心理学者あるいは精神科医、特に精神分析をやる者は相手の心の台本を照らし返す鏡になるわけです。ただ、気が付くのは非常に苦しいし、痛みを伴うことだから、こちらは共感的に少しずつ考えていくという営みへ導入していく。それが精神分析的な治療なのです。

心の台本の紡ぎ直し

精神分析的な治療はどのように行うかと言うと、語り直すことだと言えるでしょう。それを紡ぎ直すと言ってもいいかもしれません。われわれが引きずっているこの台本を読み取るだけでも治療的です。これを洞察と呼んだりもします。例えば、6：4で負けかけるともう逃げてしまうとか、あるいは、勝ちかけるとすぐに相手に譲ってしまうところがあるとか、あるいはすぐに悪いと感じてしまうとか……。そういうのは台本を読むだけで、ずいぶん自分に気が付いて治療的であると私は思います。過去のことを物語として紡ぐだけでも、老人にとっては大変な心の支えになります。心の物語を紡ぎ出していく営み。これは老人への心理的治療や、あるいは精神分析的な治療や、最近はナラティブセラピーと言うような治療があり、いずれも重要な治療的な営みであるといわれます。もう一つ大きな眼目として、一旦紡ぎ出すと、もう一度考え直してみて語り直すことができる、紡ぎ直すことができるのです。

私にはトラウマとして引きずっているような物語があります。京都駅が燃えた時の記憶です。昭和27～28年ごろだったと思うのですが、私の目の前で京都駅が燃えました。私は京都駅の近くに住ん

でいて、京都駅がほとんど遊び場でした。ホームレスの方ともお友達になったというか、当時は駅なんてそういう場所だったのです。自分の目の前で燃えた時のあのビックリした感じ、あの驚きは大変で、今でもどこの駅の近くに泊まっても、燃えるんじゃないかという不安はあります。あの報道の記事を読んだときのことを今でも忘れはしません。原因はステーションホテルのメイドさんの火の不始末だったのです。私は今でも恨んでますね。ですから、あのときの怒りがすぐよみがえってくる。こういうのはなかなか消えないですよね。皆さんにも、そういったものが多かれ少なかれあるだろうと思います。

　でも、語っていけばいくほど、こうやってしゃべればしゃべるほど、何か笑える、楽にもなります。ですから、なるべくこういうことは言葉にして話した方が、物語そのものも変わっていくということがある。だから、語るというのは、大変治療的であるということを多くの人が言っているのです。そして語るタイミングだとか語り方が重要になってきます。

　老人の話を聴くときのことで面白い調査研究があります。孫が関心を持って老人の過去を聴くと、その老人の過去は幸せな様子の話になるけれど、話を聴いている途中で孫が寝ると、話が惨めになっていく。物語そのものが聞き手の聞き方によって変わる。私たちは臨床をやる中でこういうことを再三経験します。私たちが関心を持って耳を傾けるだけで話が変わっていく。そういうことが私たちの治療的な営みの基本にあるわけです。それが精神分析的な治療です。過去というものをもう一度紡ぎ出し、そして紡ぎ直していくのです。

喪失体験と西洋の愛着理論

　語り直す、紡ぎ直すために平均的な過去を一度読み取ってみるこ

とが必要となります。人がどこで一番危機を経験するのかとか、あるいは三つ子の魂って言うけれど、0歳児から3歳児ぐらいまでの間のことについて観察を行い、それを理論化する。どのようにみんなが自立していくか、あるいはどのように母子分離を達成していくかということが最大の課題だということを発見してきたわけです。それを精神分析的発達理論と言い、あるいは乳幼児の観察だけを見ても、発達理論と呼ぶものがたくさんあるわけです。

ご存知のとおり、S. フロイトはフロイトの発達理論がありますし、その他、M. マーラーとか、もちろん J. ピアジェも発達理論を構築するわけです。平均的な人間の発達理論を私たちが知っておくことは、過去に刷り込まれる台本の原点みたいなものを知るためにも、あるいは読み解くためにも、あるいはどこで失敗をしてどこで外傷体験を経験しているかということを考えるためにも、大変重要なことになります。要するに、台本が刷り込まれるときや台本がどこで、どのように刷り込まれるのかを知ることが私たちには大事になってきます。そして、みんなが話題にするのは結局、母子分離をいかに達成するかということに尽きるのではないかと考えるのです。

人間の不幸というのは、最後は別れること、大事な人を失うことです。その原点はお母さんとの分離にある。お母さんをどのように失ってきたか。それを観察すると、その原点は0歳から2～3歳ぐらいまでになります。このことは愛着理論にも通じるところがあって、愛着理論も1歳半ぐらいのことを問題にしています。

そこで、私が関心を持ったのは、西洋から輸入されてきている発達理論をそのまま日本人に応用できるのかということで、そこに私特有の発想をしたわけです。多くの人たちが同じようなことを感じていたはずで、土居健郎先生の「甘え理論」もそういう発想から生まれるようになりました。外国人の発想した、あるいは観察した、あるいは報告している発達理論をそのまま応用していいのかという

ことです。

　それともう一つ重要なのは、実際の乳幼児の観察が本当に正しい答えを出してくれるのかという問題があります。私が所属していた大学の女子学生に協力してもらい、母子関係を観察に行ってもらっていました。しかし、行ったらお茶がまず出てきて、それで、はい始めましょうというふうにして観察が開始されます。そこにある母子関係が本当に起こっている母子関係なのかと疑問に思います。子ども部屋がここにあって、夫婦の寝室がここにあってとなっているけれど、夜になると、みんなだんごになって寝ているなんてことはよくあることで、夜になってみないとわからない。あるいはリアリティーは観察者がいないときにあるわけです。

　それと、もう一つ大変大きな問題は、子どもの体験している世界というのは外的な観察ではとらえられないということです。ご承知のように外傷体験、例えば地震の時にどういう経験をしたのかというのは、同じ地震を経験しても違っています。母子分離に関しても、お母さんと離れても、ほとんどボーッとしながら過ごして楽しく待っていられる子もいれば、本当に一生会えないんじゃないかという心配を30分間してお母さんと再会する子もいるわけです。

　皆さんだってそうですよ。迷子のときの経験なんていうのは本当に違うわけです。もう一生会えないかもしれないと思って過ごす子と、「出ていけ」と言っても、近所のローソンで漫画を読んでいるようなタイプの子とは体験が全然違う。同じお母さんに育てられても、兄弟によって体験が違う。これはみんなが知っていることです。私たちは主観的な体験をしているのです。再三引用して申し訳ないですけれども、私も京都駅が燃えた時は、もう二度と僕は京都から出られないと思いました。だって、僕の大事な大事な京都駅がなくなったら、僕は京都からもう出ていけない、もう京都に一生閉じ込められた、もうちょっと早く出ておけばよかったと思いました

ね。そういう経験をしたのですが、あんなにすぐにまた京都駅ができるなんて知らなかった。

　でも、私の京都駅の体験は、本当に出ていく機会を失ってしまって、もう閉じ込められたという経験につながっていて、大変怖いものでした。このような主観的な経験を知りたい。これが、私たちの発達理論を勉強するときの一つの大きな課題だと思うのです。要するに、観察しても出てこないものがあるのです。

　最後にもう一つ指摘しておきたいことは、私が行ったら途端にお母さんの態度が改まるという問題です。若いお母さんが育児をしているところに、私が出掛けていったら、普段はいないはずの旦那が帰ってきてしまう。私が見にいくと非常に不自然な母子関係なってしまうということが起こります。そこには当然、観察者の影響があるということです。

浮世絵の中の子どもたち

浮世絵に見る日本の母子像

　そのようなことから、外国からの影響を受ける前の画家が母子像をどのように描いたのかというところに私の関心が行ったのです。これは大変多くの成果を生んでくれました。まず、こんなにもたくさん母子像が浮世絵の中に描かれているなんて知らなかったのです。くもん出版が、1993年に、『浮世絵のなかの子どもたち』という本を出しました。子どもが出てくる浮世絵を集めたものです。

　私は二万枚近くの浮世絵を探して、約400組の母子像を見つけました。母子関係が非常に濃厚であるのが日本人の特徴かもしれませ

んが、その濃厚さはこの江戸時代を中心に描かれた浮世絵の中に本当によく出てきます。特に喜多川歌麿の母子像は美しい。「風俗美人時計」は浮世絵のジャンルの中では美人画ですが、母子の様子をよくとらえています。この絵は、子どもにおしっこさせるところを描いていますが、これを見るときにちょっと注意していただきたいところがあります。それは場合によってポルノグラフィーとの差があまりなくなるということです。

　母子像の一方で、浮世絵には春画というジャンルがあります。ご承知だろうと思うのですが、浮世絵は表に出せる表の浮世絵と裏に潜んでいる春画というジャンルとが並行して発達するのです。あまりにも激しくみんなが愛するものですから、春画が禁止されるのです。なぜ春画が必要だったのか？　それは江戸で男性の人口、特に若い男の子がものすごく増えたからでしょう。人手が必要だということで増えたのですが、女の数が足りないから、どうしても春画が必要であったわけです。だから、ポルノグラフィーの役割を果たしていると思われるのです。

　裏の春画が禁止された分、母子像が発達したと言えそうです。なぜなら、母子像の裸を見て、興奮している男もいれば、美しいなと喜んでいるグループもいればいろいろで、そのために母子像が発達するのでしょう。母子像は女性を裸にするにはちょうどいいんでしょうね。だから、描かれているのは本当の母子関係なのかというと、そうでもないのです。

　「風流七小町　通い」も歌麿なのですが、描かれている男の子の顔をよく見てみると、オッサンに見えてくる。これは女子学生の意見ですが、どうも浮世絵に出てくる子どもがひねている。どうもおかしい……。これはどこかで男の夢であるとも考えられます。子どもは男の子が多くて、それで妙にお母さんが美人。実際に美人であったかどうかはわからないけれども、どんな子にとってもお母さ

【図1】 鈴木春信 「虫籠を持つ母と子」

んは美人であるというふうにも言える。そこには母子関係が反映していることは間違いないと思います。

それと、フロイト的に言うと、これが春画であっても一向に構わないのです。肉体関係、性関係の原点は母子関係にあるというのは、フロイトの言っていることですから、フロイトにこれを見せたら大喜びするような話ですよね。だから、母子像と春画が入れ替わるところがあるのは、ある意味必然かもしれない。ただ、愛情関係の原点から出発して、そして男女関係の台本が発達していくというのは理論の上のことなのです。

従って、これは母親かという問題もあります。お姉さんかもしれないし、おばさんかもしれないし、隣の女性かもしれないし、本当の母子関係かということは、ちょっと心の隅に置いておいてください。

日本の母子関係が濃厚であったことは事実です。また、描かれている子どもは男の子が多いというのも、やはり買い手、購買層に男が多かったからです。だから、女の子が描かれている絵が少ないのです。

ジョイントアテンションと文化の継承

五風亭貞虎の「上野山内女夫杉」では母親と子どもが二人で一つのあめの棒をしゃぶっています。しゃぶっているあめの棒が二人を取り持っている。鈴木春信「虫籠を持つ母と子」【図1】では虫かごが二人を取り持っていますね。何か媒介物が必ず出てくる。これが私にとって大変な驚きだったのです。後で比較しますが、日本に対して西洋の母子像というのは聖母子像が非常に多く、しかも西洋の

【図2】 玉川舟調 「秋　月見図」

場合、母子関係の姿をとらえた絵は非常に遅れて発達します。それはなぜかと言うと、西洋ではマリアとキリストという聖母子像が重要なテーマだからです。日本のように、二人で虫かごを共有しているとか、あめの棒を二人でほお張っているようなマリアとキリストなんてあり得ないのです。マリアとキリストを描いた聖母子像は日常を描いた母子像ではなく、宗教画なので、日本のような母子像はあり得ないのです。

　だから、描いていることが違うのだけれども、日本の場合、濃厚な母子像を描いている。しかも、それには必ず媒介物がある。ここらあたりから、日本人には、芸術療法、箱庭療法というような、何か媒介物を使って二人の間を取り持たせようというか、取り持ってもらおうという意思にあふれる治療法が生まれてくるのかもしれないと思ったりします。

　二人の間を取り持つ媒介物に加えて、日本人は月見や花見や大文字をながめるというようなことが大好きなんですよ。同じものを肩を並べてながめる。それを月見、花見と言うというわけですね。そういうことを繰り返すのです。

　私は玉川舟調の「秋　月見図」【図2】が好きなんです。お母さんと子どもが並行してついた餅を丸めて団子を作っている。こうやって、私たちは文化に参加していくわけですね。こうやっていろんなことを覚えた思い出がみんなにあるだろうと思います。私は割と母と一緒に準備を手伝うような子でして、この絵を見ると小さい時を思い出します。月見に限らずこんなたぐいの経験がいっぱいあったような気がしますし、このような経験をすることによって、私たちは文化に参加していくのです。

【図3】

　ジョイントアテンションという言葉があります。これらの絵で最も重要な心理学的解説は、ジョイントしているところだと言えます。ジョイントして世界に対して同じものについての関心を向けている。お月見という文化に参加している。団子の準備をしているのです。ここにジョイントがあるのです。お姉ちゃんとお母さんと子どもが並んで月を見上げている。同じものにアテンションを向けている。これをジョイントアテンションと呼ぶのです。このジョイントアテンションは何のために行われるのかと言うと、文化の継承と言語の習得のためです。お月見という行事に参加することによって、団子という言葉を覚えるわけです。でも、団子という言葉を覚えるだけじゃない。お月見という文化を吸収している。実にこれが教育、あるいはカウンセリング、あるいはさまざまな人間関係の原点みたいな話です。

　お母さん、あるいは先生が子どもを膝に乗せ、一緒にバチを握って三味線を教えます。その時、この子どもは三味線を弾くことと同時に文化を継承しているのです。このジョイントしているところが大事ですね。私は、単に三味線を習っているというところではなく、その二人の間につながりがあるというところに力点を置くのです。こういうのを二者間内交流と呼んでいるのですが、二者間の身体交流あるいは情緒的交流ですね。それを通じて、面白いねとか、あったかいねとか、安心ねというのを学んでいるわけです。

父親の不在

　さて、問題となるのは、これだけ見ていてわかるように浮世絵にお父さんが出てこない点です。昔からいないのかな、やはり父親

【図4】 喜多川歌麿 「山姥と金太郎　栗」

は。どう探してもお父さんが出てこないのです。父親はどこにいるんだと探すわけですね。そうすると男性像はモノクロの世界にいるのですよ。モノクロの世界って白黒印刷で、男には色がないのです。よくわかるような話ですよね。【図3】は結構お父さんも育児に参加しているのだけど、色がないのです。浮世絵の材料になっていないだけなので、版画の中にはよく出てきます。それともう一つは、父親がやっていることはみんなちょっと教育的なのです。

　父親が育児に参加していなかったわけではない。しかしながら、浮世絵の材料としては売れなかった。それはなぜかと言うと、お父さんは浮世絵の買い手ですから、お父さんはこの絵の外にいるわけです。これを見てニヤニヤしている。外国で日本の家族がいたら、必ずお父さんがカメラを持って写真を撮っている。言うならば、お父さんはこの写真を撮るために頑張っているみたいなところがあります。要するに、お父さんはフレームの外にいる、あるいはフレーム係ですね。このオヤジの喜びというのは家族を安全に守るために働いているところにあり、男はこんな絵の中には出てこない裏方のようなところがあると、私は思っています。

受身的な子ども像

　もう一つ重要なことは、受身的な愛ということです。喜多川歌麿の「山姥と金太郎　栗」【図4】は有名な絵ですが、これは実際のところ、親子ではありません。山姥がいて、それが金太郎を育てて立派な男の子にするという話です。これを見たときに、日本人の多くがお母さんが抱っこをせがまれていると考えて、お母さんが子どもを抱き上げる次のシーンを想像します。子どもが甘えているという

【図5】 喜多川歌麿 「婦人相学拾躰 風車」

わけですね。普通みんながこれを甘えている絵だと考えます。ただ、見方によっては、金太郎が大きくなってお母さんに飛び付こうとしている絵かもしれないという解釈も可能です。ところが、日本人の解釈ではあまりその見方はなく、どうも受身的となります。つまり、日本人の子どもの描かれ方には、お母さんが何かしてくれるのを待っている風情のものが多いのです。

歌麿の「桃」という絵には、お母さんがモモをむいていて、そのモモがむけていくのを待っている子どもが描かれています。ここでも、モモが二人を取り持っているという構図は相変わりません。そして、この子がお母さんのモモを奪おうとするというふうな描き方はしないで、必ず待っている。受身的なのですね。そういう文化の影響はあるかと考えるのがなかなか面白いと思っています。

さらに、「婦人相学拾躰 風車」【図5】は私が好きな絵の一つで、歌麿の作品です。文化の継承、言語の習得という意味では、風車という言葉や何かアイテムを学んでいるだけではない。それの使い方から、その楽しみ方から何もかも一緒になって学んでいる。そのために重要なのは、この横のつながりです。

歌麿がすごいなと思うのは、この母子の座り方はもう心理学者ですよ。非常に情緒的です。こういう非言語的、身体的交流、スキンシップとかいうたぐいのものを必ず描いているのですね。これが安心感のもととなります。この手が添えられているということが基盤になって、文化の習得と言語の習得が起きる。実際のところ、この手をみんな添えているかと考えてみてもいいかもしれません。今、もう一度、その問いを現代人にしてもいいと思います。この手のことを忘れていないかな……と。

描かれる母と子の関係性

二者間内交流

　共にながめること、あるいは共視、あるいはジョイントアテンションはJ. ブルーナーが言ったのですが、言語の習得、文化的継承のためには重要なものです。

　若干解説しますと、浮世絵にはジョイントアテンションの絵がかなりあります。日本人はこんな絵がすごく好きです。二人が肩を並べているだけではなく、必ず身体的交流と情緒的交流があります。共に思っている、あるいは「面白いね」と二人で言い合っているのだと思うのです。「面白い」という言葉の語源は、二人が同じものを見つめるために面が白くなるということです。囲炉裏端で面白い話を聞くと、みんなの顔が白くなるということから来ています。これは柳田國男が言っています。私に向かって面白い話を聞いていると、みなさんの顔が白く写る。みんなの面が白くなる。だじゃれのような語源説ですけど、当たっているかもしれません。共にながめていると二人の顔が白くなる。世界は面白いよということを情緒的交流、身体的交流で伝えている。

　このとき何が一番大事かと言うと、二者間の中の交流です。二者間の外について語っているのが例えば「風車よ」という言語ですけれども、世界には面白いものが待ってるよと言っている、この二者間内交流が並行して進んでいるところをみんな描いているのです。「みんな本当にそれを描いているのか」と問われると、非科学的な発言と言われるかもしれませんが、いずれにせよ二者間内交流はとても大事です。

【図6】 喜多川歌麿 「風流七小町　雨乞」

「風流七小町　雨乞」【図6】は、歌麿の作品です。この手、あるいは腕のつながりが私がいつも言っている身体的交流、情緒的交流、横のつながりを示します。二人でこの傘に開いた穴を見ているのですね。これは国際学会で発表していますが、世界で一番しょうもないものを見ている母子像だろうと言われるかもしれません。

しかし、私が思うには、こんな絵を描く文化はほかのどこを見てもありません。歌麿はすごいなと思うところであり、母子関係というのはこのようなものの連続です。「穴が開いてる」、「穴開いてるね」。こんなやりとりの連続があり、穴というのを覚える。

要するに、見ているものは「あ、虫がいるね」みたいな大したことではないのです。でも、何がここで一番大事かと言うと、歌麿がそれを正面にとらえたように、二人の関係性がこの絵の主人公なのです。それともう一つ、この子は顔が見えないので、誰にでもなれるという点です。私たちはこの子になって、一緒になって傘に開いた穴を見るんですよね。

歌麿が描いたこの形はほかの画家にも伝達されていきます。日本人はこの形がとても好きみたいで、あちらこちらで見受けられます。

母からの分離をとりもつ媒介物

それで私は、絵に描かれている子どもを乳児、幼児、年長児で分け、密着、接触、共に何かをながめている、対面、平行などといろいろと分類してみて表にまとめました【表1】。体を接触させて同じものをながめているという絵、あるいは、体は付いていないけれども、同じものをながめている絵を数字で見てみると、そこに描かれ

【表1】

	乳児	幼児	年長児	カウント
密着	23	13	0	36
接触・共視	8	25	0	33
分離・共視	6	25	8	39
対面	4	17	6	27
平行＋支持	6	23	9	38
無関係	0	7	17	24
その他	4	8	4	16
カウント	51	118	44	213

ている子どもは、幼児あたりが一番集中しています。「平行＋支持」は、特に媒介物がないもので、これは30％ぐらい出てきます。つまり、213あるうちの三割から四割ぐらいが共に同じものをながめている絵なのです。当然のごとく母子分離していくプロセスの幼児で増えて、やがて年長児になると減っていくのです。

　だから、日本人の成長と自立には、何か肩を並べてながめて、やがて二人が離れていくという図式があるみたいです。これらを順番に並べると、どうも幼児あたりで母子が別れるときに、二人を取り持ってくれている媒介物を活用して別れていく、という図式があるように思えます。

　絵の中の子どもの年はいくつだと言われても実際にはわかりません。でも、一応とにかく年齢を想像して並べてみたところ、成長のプロセスで幼児と思われるような3歳から5歳ぐらいで、肩を並べて何かをながめるという絵が増えています。当然と言えば当然です。取り持ってくれている、橋渡しをしてくれている対象が分離には必要なのです。

聖母子画の中の母子関係――向き合わない母と子

　海外に行って、今度は聖母子像を学ぶことになりました。海外では聖母子像がたくさんあります。向こうの聖母子像は母子像を反映しているだろうと思うのですが、それと日本のものとを比較してみましょう。

　「ウラジミールの生神女」【図7】は、ビザンチン美術のイコンといわれている宗教的な作品で、要するにマリアとキリストが信仰の対象になるのです。これをよく見ると、マリアがどこかよそを向いて

【図7】「ウラジミールの生神女」

いるのですね。マリアはキリストを見ているようで見ていません。聖母子像の二人が顔を合わせないのですね。よくご覧になってください。先程の日本の母子像の三割とか四割とかという数字と比較すると、西洋の母子像というのは顔を合わせないのです。合わせるのは、数字的には5％ぐらいなのです。なぜかマリアは冷めているというか、よそを見ているというか、ボーッとしている。

　サンドロ・ボッティチェリの「聖母子」は、マリアがキリストを膝に抱き、本を読んでいます。マリアはキリストに「勉強しなさい」と言っているのかもしれないけど、どちらかというと、振り返ってマリアを見上げているキリストの方が積極的なんですね。ここが西洋人との差なのです。つまり、西洋のものは受身的な子どもというよりは積極的な子どもを描いている。キリストの方がマリアを愛しているというような……。

　教義というか、キリスト教における解釈もそうなのですが、実はマリアはこの時代に、あるいは人類に絶望しているのです。もっとはっきり言ってしまえば、マリアはキリストがこの先、人類のために死ぬということを知っているのです。だから、マリアはキリストが成長することがうれしくないのです。大きくなったらこの子は死ぬのです。だから、マリアはボーッとして悲しみにくれているのだけど、キリストの方はお母さんに対して、お母さんを慰めている。なぜかと言うと、キリストは人類を救うためにやってきているからです。だから、キリストの方がマリアを愛している。

　このお互いに顔を見合わさない形式というのは、実はさらに発展します。「聖ヨブの祭壇画」【図8】は有名なジョヴァンニ・ベリーニ

【図8】 ジョヴァンニ・ベリーニ 「聖ヨブの祭壇画（部分）」

という人の絵でイタリアで発達した形式ですが、登場してくる人物は一切顔を合わさない。これもキリスト教絵画のものの見方です。日本人のように「何や、何や」ってすぐ顔を見合わせる文化とどこが、なぜ違うのかと言うと、これはまた理由があります。顔を見合わさないと、人は内面を考えるからです。

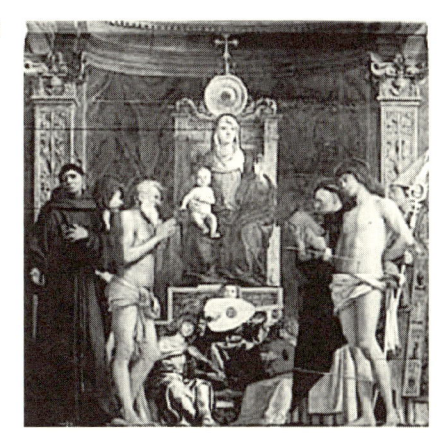

これは美術の効果なのですが、現実にも、お母さんが子どもの顔を見ないと何が起きるかというと、子どもはお母さんの心の中を考えるのです。内面をながめ始める。何でお母さんはこんな顔をしているんだろうとか、悲しい顔をしているんだろうとか……。お母さんが何を考えているんだろうかと考えるわけです。だから、これは独特の効果を持っていて、顔を合わさないとみんな、この人たちは何を考えているんだろうと思い始めるのです。

心の中を考えるから、顔を見合わさないほうが心の中は考えやすくなる。顔があると相手の顔色をうかがいます。人は顔を見合わさない方が内省的になるとも言えるのですね。

ジョヴァンニ・ベリーニが描いた「聖母子と聖者たち」という絵は、ベリーニがセイクレッドカンバセーション（sacred conversation）、イタリア語でサクラ・コンヴェルサツィオーネ（「聖なる談話」の意味）と呼んだジャンルの絵です。この絵に描かれた人々は瞑想をしている状態です。あるいは、天国を思っているということなのかもしれない。この世俗の何かについてお互いに顔を合わせて話し合っていない。だから、日本の絵とは形式や目的、描いているものが違うと言えます。

【図9】はジャン＝バティスト・シメオン・シャルダンという人の

【図9】　ジャン=バティスト・シメオン・シャルダン
　　　　「洗濯女」

　「洗濯女」という絵ですが、やっぱりこれは普通日本人だったら、シャボン玉の方に母親の顔を向けさせるだろうと思います。シャルダンのお母さんは早くから亡くなっているということも関係があるでしょうが、やはり西洋人の母子関係を反映しているようなところがあるかもしれません。日本人のようにはべたべたしていないというか……。

　でも、残念ながら西洋人の絵というのは、なかなかこういう絵が出てきません。1800年代ぐらいにようやくこういう母子関係が出てきます。しかしオランダなどでは早くから市民のための絵が発達して、先程のような宗教画が衰退します。お陰で途端にこのような絵が登場してきます。次はメアリー・カサットの「林檎に手を伸ばす赤ん坊」【図10】ですが、1800年代から1900年代にかけて突然爆発的に母子像が描かれ始めます。そして、西洋では女流画家が登場し始めるのです。

　また、カサットの「舟遊びする人たち」にはお父さんが出てきます。お父さんが絵の中に出てくるか、出てこないかというのは大きな差です。こんなふうに見てもらえる父親はなかなか日本にはいません。だから、そういう意味では西洋人社会というのは父親像が絵の中に出てきます。

日本独自の横並びの構図

　もう一度日本に戻ると浮世絵の時代は終わって、1900年代に日本の代表的な女流画家である上村松園が出てきます。この人は京都の人です。歌麿の作品に見られるような、人物を後ろから描いた絵を百年の間を置いて、また描いているのです。松園は果たして歌麿

【図10】 メアリー・カサット 「林檎に手を伸ばす赤ん坊」

の絵を見たのかどうかわからないですが、「夏の宵」という絵では、子どもが女の子になっています。とうとう女の子が登場しますが、この"肩を並べて同じものを見る"という構図が日本人は大好きです。ひょっとしたら、これは私たちの原光景というか、元の台本というか、こういうものを私たちは心象風景として共有しているのかもしれません。「母子」【図11】も母子を描いた松園の絵です。この形は定番になっています。

　この絵で注目すべきは、何を見ているかが描かれていないところです。何を見ているかが描かれていない母子なのですが、先程から申し上げているとおり、明らかに、この横のつながりが主人公です。それと、うなぎの寝床といわれている京都の町屋の土の色がここに描かれている。虫か何かを見ている。虫か鼻緒か下駄か何かを見ている、この土間の土の色が描かれているこの絵が日本人は好きなのです。

　実はこの横並び現象というのは、小津安二郎という人がものすごく好きなのです。小津は日本の有名な映画作家ですが、この小津が描く映画を見ていただきますと、必ずこの横並びの構図が出てきます。横に並んで同じものをながめている。

　小津安二郎をご覧になるのだったら、「東京物語」という映画が一番お薦めです。俳優の笠智衆さんと東山千栄子さんが出演されています。この二人が子どもの所へ行って、東京でろくでもない体験をするんですね。その時に、二人が肩を並べて旅行の準備をします。その時ほとんど何の会話もないのです。私たちは結婚式のスピーチで、夫婦というのは見詰め合うことではなくて、同じ方向を見て肩を並べることだとよく言いますが、そのままなのです。

　私の友人は、日本の夫婦を描くときは、バスの停留所でバスが来

【図11】 上村松園 「母子」

る方向を二人でながめさせるのですが二人の間に会話がない、これが日本の夫婦だと言います。もし二人がしゃべっていたら、これは不倫だと。日本の夫婦に会話なんかあるわけないだろうみたいな……。

　共にながめることで、私たちはつながりを確認し合っています。だから、会話なんかあってたまるかという感じなんですね。

　まあ、やせ我慢みたいなところがありますが……。これは、日本の横のつながりという大変大きなテーマだと私は思っています。これで絆を確認している。この「東京物語」の映画では、最後はお母さんが亡くなるのですが、その前の場面で夫婦が肩を並べて座って熱海の海をながめている場面もあり、横のつながりの本当に素晴らしい場面が出てきます。

共視対象は未来を教える

　鈴木春重の「しゃぼん玉吹き図」【図12】の二人が楽しんでいるものは何かというと、シャボン玉（右上の染みの部分）です。シャボン玉が消えていくところを描いています。これも見事な技術で、この構図も日本の浮世絵のすごいところです。これは肉筆浮世絵と言って、印刷物ではありません。シャボン玉のようにはかないものを描いた浮世絵に、礒田湖龍斎の「雪の朝図」の雪ウサギや、栄松斎長喜の「蛍狩り」に描かれた、ついたり消えたりするホタルなどがあります。

　こんなふうに、はかないものをみんなで共有しているようにも思えます。実は、親子、恋人同士でもそうなのですが、二人でながめているものは二人の未来を示します。だから、母子関係は切れるということを予告している。やがて輝いて、やがて消えていく。はか

【図12】 鈴木春重 「しゃぼん玉吹き図」

ない男女関係もここに映し出されていて、浮世という言い方そのものも所詮浮世、所詮どこかでウソ、所詮どこかで本質的なものが欠落していることを意味します。浮世感覚というのが、このはかないものに反映されているのです。母子像が長続きしないということにも通じるし、母子関係がというふうにも言えるわけです。要するに共視対象は未来を示すのです。

　キリストがざくろに手を伸ばしている様子が描かれているものがあります。それは、キリストがやがてざくろのように引き裂かれてしまって、血を流すということを示している可能性があります。人が手を差し伸べる、それはその当人の未来を表しているのだという理解ができます。しかし、この横に立つ支える腕、この母の腕というのは横のつながりとして残るのです。お母さんが消えても。

　われわれの業界で登場人物のことを「美人だ美人だ」とは言いません。しかし、この歌川豊広の「追い羽根」【図13】は美人画ですよね。この三人とも美人です。「この子は何を経験しているのだろうか」とアンケートを取ると、必ず出てくるのが安心感という回答です。抱えられて安心感を手に入れています。この非言語的な安心感は遊びというものを可能にしているとも言えます。われわれは安心感を取り入れて反復して、夫婦の間の絆にもするのだと思います。

　私たちは、この腕のことや、心のつながりを忘れてしまうかもしれない。私たちは花火や花見が大好きで、それを一人で見るのではなくて、必ず誰かと一緒に見にいきます。それで、横のつながりを楽しんでいるわけですね。お母さんが消えた後も、子どもたちはワァーワァー言いながら横のつながりを楽しんでいるのです。こういうところが、浮世絵の中に再三出てきます。

【図13】 歌川豊広 「追い羽根」

　この小林清親の「両国花火之図」【図14】もすごいなと思うのは、ここにも母子像が描かれている点です。多分母子像でしょ。「花火だ花火だ」とはしゃぐ子どもの横に立って支えてくれているお母さん。花火を楽しむために、みんなが支え合って抱えている。これはD.W.ウィニコットの「抱える環境」と言うのですが、この子どもを中心にして同心円上にみんなが支え合っているところがよく出ている絵だなと思います。
　皆さんも京都の大文字を誰かと肩を並べてながめただろうと思うのですが、一人でながめるってことはめったにない。その誰かとながめた大文字も大事だけれども、横のつながりこそが私たちにとって貴重であります。このジョイントアテンションを「月見の兎」(無款)ではウサギまでやっています。ウサギまでやっている国は日本しかない。

大事にしたい共にながめること

　これが最後なのですが、「あの素晴らしい愛をもう一度」(北山修作詞、加藤和彦作曲)の歌です。この歌は、あの時同じ花を見て「美しい」と言った二人の心と心が今はもう通わないという、横のつながりの悲劇を歌っています。赤トンボの唄を一緒に歌った空は変わらないというのに心の方は変わってしまったというのは、二人の横のつながりが切れた歌なのです。この作者はこの後、このテーマを一生研究することになりますね。
　これは1970年頃のヒット曲なのですが、この頃に横のつながりが切れたのではなかろうかと思います。日本文化というものが、肩を並べて同じものをながめなくなってしまった。みんなが違うものを楽しみ始めた。1960年代から70年代にかけて、ウォークマンが

【図14】 小林清親 「両国花火之図」

出現しました。同じ文化を楽しむということ、同じ音楽を聴くということ、そして、同じものを肩を並べてながめるということが1970年ぐらいに音を立てて崩れ始めたということを、ひょっとしたらこの「あの素晴らしい愛をもう一度」の歌は言っていたのかなと思ったりします。

　逆に言うと、それを大事にしてもらいたいということです。映画を見たとか、花火を見たとか、テレビを見たと言うけれども、同じ文化、同じものを楽しむということは、まさしくその文化に誰と参加したのか、誰とそれを楽しんだのかということでもあります。決してあの映画を見た、京都の大文字を見たということが大事なだけではなくて、誰と楽しんだのかの方が大事なのかもしれません。あるいは、同時に並行して大事なのかもしれません。これが一生の宝なのです。

　ですから、私たちは箱庭療法をやり、対話療法をやり、カウンセリングをやりなどして、同じことについて一緒に考え、共に悩み、共に悲しみ、共にながめたりします。その時に何を共に考えたのかだけでなくて、その一緒にながめたという二者間内交流こそが、私たちの支えになって、一生の宝になります。それを「あの素晴らしい愛」と呼ぶのであるというのが結論でございます。

参考文献

　北山修（編）『共視論』講談社、2005

著者紹介

小谷裕実（こたに・ひろみ）
小児科専門医・小児神経専門医。花園大学社会福祉学部教授。博士（医学）。

佐々木正美（ささき・まさみ）
児童精神科医。川崎医療福祉大学特任教授、ノースカロライナ医学部精神科非常勤教授。

山中康裕（やまなか・やすひろ）
精神科医、臨床心理士、博士（医学）。京都大学名誉教授。京都ヘルメス研究所所長。浜松大学大学院健康科学研究科教授、同臨床心理教育実践センター長。

杉山登志郎（すぎやま・としろう）
博士（医学）。浜松医科大学児童青年期精神医学講座特任教授。日本小児精神神経学会常務理事。日本トラウマティック・ストレス学会理事。

北山　修（きたやま・おさむ）
博士（医学）。九州大学名誉教授、白鴎大学特任教授、国際基督教大学客員教授。北山精神分析室精神分析医。元・日本精神分析学会会長、国際精神分析協会正会員。

花園大学心理カウンセリングセンター　スタッフ一覧

研究員スタッフ	東牧子　荒木ひさ子　小川恭子　小海宏之　小谷裕実　妹尾香織　丹治光浩　橋本和明
相談員スタッフ	荒井紫織　板野光男　植田賢　藤本麻里
研修員スタッフ	榊至恩
院生スタッフ	上原浩輔　海野智之　大笹公祐子　岡部佳世子　小川真由　高岡理恵　武田圭祐　津田侑希　戸田成美　永田沙織　中西充　中村祐輔　野村人　濱島紀隆
事務員スタッフ	塩見ゆかり　藤田委子

（五十音順）

編者略歴

橋本和明（はしもと・かずあき）
名古屋大学教育学部卒業。家庭裁判所調査官として、名古屋・大津・福岡・大阪・静岡・和歌山の家庭裁判所を歴任し、大阪家庭裁判所主任家庭裁判所調査官を経て、現在、花園大学社会福祉学部臨床心理学科教授。
同大学心理カウンセリング副センター長。臨床心理士。

花園大学発達障害セミナー3

関係性からみる発達障害
こころとこころの織りあわせ

2011年8月10日　第1版第1刷発行

監修者	花園大学心理カウンセリングセンター
編 者	橋 本 和 明
著 者	小谷裕実・佐々木正美・山中康裕 杉山登志郎・北山修
発行者	矢 部 敬 一
発行所	株式会社 創 元 社 http://www.sogensha.co.jp/ 本社 〒541-0047 大阪市中央区淡路町4-3-6 Tel.06-6231-9010 Fax.06-6233-3111 東京支店 〒162-0825 東京都新宿区神楽坂4-3 煉瓦塔ビル Tel.03-3269-1051
印刷所	株式会社 太洋社

©2011, Printed in Japan
ISBN978-4-422-11453-8 C3011

〈検印廃止〉落丁・乱丁のときはお取り替えいたします。

JCOPY 〈（社）出版者著作権管理機構 委託出版物〉
本書の無断複写は著作権法上での例外を除き禁じられています。複写される場合は、そのつど事前に、（社）出版者著作権管理機構（電話 03-3513-6969、FAX 03-3513-6979、e-mail: info@jcopy.or.jp）の許諾を得てください。

―― 花園大学《発達障害セミナー》シリーズ既刊 ――

発達障害を正しく理解し
真に「当人の為になる対処」を見つけるため
多様なスタンスの専門家が、切々と、温かく語り説く

・・・・・・・・・

① 発達障害との出会い
―― こころでふれあうための一歩 ――

橋本和明〔編〕

田中康雄・十一元三・亀岡智美・村瀬嘉代子〔著〕

A5判並製　160頁　2,000円＋税

・・・・・・・・・

② 思春期を生きる発達障害
―― こころを受けとるための技法 ――

橋本和明〔編〕

竹田契一・田中康雄・石川元
品川裕香・橋本和明・定本ゆきこ〔著〕

A5判並製　180頁　2,300円＋税

―― 表示の価格に消費税は含まれておりません。――